建校百年·哈工大人系列丛书

Harbin Institute of Technology

哈工大人在四川

哈尔滨工业大学四川校友会 编

哈尔滨工业大学出版社

图书在版编目(CIP)数据

哈工大人在四川/哈尔滨工业大学四川校友会编.—哈尔滨：哈尔滨工业大学出版社，2020.6
 ISBN 978-7-5603-8735-2

Ⅰ.①哈… Ⅱ.①哈… Ⅲ.①哈尔滨工业大学-校友-生平事迹 Ⅳ.①K820.7

中国版本图书馆CIP数据核字(2020)第047201号

哈工大人在四川

HAGONGDA REN ZAI SICHUAN

策划编辑　李艳文　范业婷
责任编辑　王晓丹　付中英
装帧设计　屈　佳
出版发行　哈尔滨工业大学出版社
社　　址　哈尔滨市南岗区复华四道街10号　邮编150006
传　　真　0451-86414749
网　　址　http://hitpress.hit.edu.cn
印　　刷　哈尔滨市石桥印务有限公司
开　　本　787mm×1092mm　1/16　印张11.75　字数153千字
版　　次　2020年6月第1版　2020年6月第1次印刷
书　　号　ISBN 978-7-5603-8735-2
定　　价　100.00元

(如因印刷质量问题影响阅读，我社负责调换)

编 委 会

顾　　问　　杨士勤　景　瑞　孙和义　强文义

主　　编　　马敬德　李建国

副 主 编　　尹晓华

编　　者　　姜文汉　宋宝增　艾　明　戴　虹　王　洪
　　　　　　罗光学　李占文　尹晓华　张　凯　杨道国
　　　　　　邓毅学　王隽峰　彭复建　张　华　王立闻
　　　　　　漆长松　田海龙　廖义超　张乐陶

总 序

时光荏苒,风雨沧桑,不知不觉间哈工大即将走过百年岁月。回首学校的发展历程,她的每一轮进步跨越、每一次腾飞奋进,无不与祖国的命运紧紧连在一起。特别是中华人民共和国成立后,从全国学习苏联高等教育办学模式的两所大学之一,到首批进入国家"211工程"和"985工程",再到入选国家"双一流"建设A类高校名单,哈工大一直得到国家的重点建设,并形成了现在哈尔滨、威海、深圳"一校三区"的办学格局。

当然,哈工大也没有辜负国家的支持与厚望。一直以来,学校秉承"规格严格,功夫到家"的校训,大力弘扬"铭记责任,竭诚奉献的爱国精神;求真务实,崇尚科学的求是精神;海纳百川,协作攻关的团结精神;自强不息,开拓创新的奋进精神"和"铭记国家重托,肩负艰巨使命,扎根东北,艰苦创业,拼搏奉献,把毕生都献给了共和国的工业化事业"的哈工大"八百壮士"精神,主动适应国家需要、积极服务国家建设,以朴实严谨的学风培养了大批优秀人才,以追求卓越的创新精神创造了丰硕的科研成果,成为享誉国内外的理工强校、航天名校。

我始终认为,学生的培养质量是衡量一所大学是否是"双一流"最重要的考核指标,而质量主要是从学生离校走向社会在工作中体现出来的,包括思想品德、工作能力和社会贡献等。经过百年沉淀的哈工大,从1920年建校至今,已经培养了几十万名学子。我在这所学校工作了几十年,也见证了一部分同学的成长。他们在学校掌握知识、锤炼品格,然后投身社会,成为各行各业的中坚力量，其中既有党和国家领导人，也有共和国的将军；既有学术界的泰斗，也有科技领域的骨干……当然，还有在许多行业里的领跑者——杰出的企业家。

很幸运，我们身处一个崇尚创新、追求创新、激励创新的时代。不管是传统行业，还是新兴科技行业，都活跃着哈工大人的身影。这些实干力行的国家栋梁在兢兢业业工作的同时，积累了无数的方法和经验，也有道不尽的经历与感受。无论是对母校生活的追忆，还是对当下工作的总结，这些不可多得的人生财富，都非常值得大家借鉴和学习。

恰逢学校百年华诞，哈工大出版社特意编撰了"建校百年·哈工大人系列丛书"，天南海北、各行各业的哈工大人以此为平台，把自己走过的人生之路，真诚又无私地以文字的形式分享出来，为后来者和社会公众提供参考。我认为，这十分有意义，也十分有价值。我向他们致敬，同时也为学校培养出这样的学子感到自豪！而对于广大校友和在校生来说，阅读这些书籍，仿佛有人为你打开了一扇门，特别是身为哈工大人的你会发现，寻找理想、追梦前行的人，不只有你自己，还有许许多多的哈工大人和你一路同行、共同奋斗。

希望广大读者能从本系列丛书中获得启迪，踏上自己人生道路的"英雄之旅"，抒发豪情壮志，成就伟大事业。

代 序

哈尔滨工业大学（以下简称"哈工大"）与四川颇有渊源。1970年春，根据上级指示，哈工大少数人员与绝大部分物资南迁重庆，与哈军工二系合并成立重庆工业大学。那时重庆还属于四川，这可以说是四川与哈工大最直接的关系了。只不过这一层关系只持续了3年，1973年8月重庆工大北返，恢复原哈工大。

四川人杰地灵，人口众多，四川籍哈工大学生一定不少。而且，四川历来被称为"天府之国"，地域辽阔，物产丰富，新中国成立七十年来一直是重点建设的地区。第一个五年计划的156个重大项目中有11个项目位于今天的四川、重庆，尽管那时"蜀道难，难于上青天"的局面尚没有改变，其中锦江电机厂、新兴仪器厂、西南无线电器材厂（宏明无线电器材厂）、红光电子管厂、成都电机厂、四川无线电厂（四川长虹电子集团公司）、涪江机器厂等都在今天的四川。如果说到20世纪60年代初，四川已经有了一些哈工大毕业生的话，上述企业中应当都有！到了今天，这些企业中的哈工大人就更多了。

到了20世纪60年代中期，中国面临严峻的国际形势，不得不做最坏的准备，在中国的腹地重建军事工业和能源、交通、矿业等基础工业，史称"三线建设"。三线建设又分为"大三线"和"小三线"，前者包括四川、云南、贵州等地（西南三线）和陕、甘、宁、青等地（西北三线），后者指上述中部省（区）的其余地区及沿海地区腹地。此后，三线建设在四川遍地开花，先后建成一大批项目，其中最重要的包括：西昌航天发射中心、攀枝花钢铁集团、东方电机厂、东方汽轮机厂、东方锅炉厂、第二重型机器厂等制造基地、川西核工业基地、川东航天工业基地（后搬迁到成都）、以成都为中心的航空工业基地、中国工程物理研究院、中国核动力研究设计院、核工业西南物理研究院、中国科学院光电技术研究所和中国电子科技集团诸多研究所等。这些项目在改变局部自然生态的同时，根本改变了四川的经济生态，也重塑了中国国防工业和国民经济；伴随着资金物资、设备仪器大流进，人才大流进，哈工大人也大流进。直到20世纪末，四川哈工大人主要分布在上述三线单位以及前述156个项目的企业中。三线人常说"献了青春献终身"，多数四川哈工大人也是这样。

此外，几十年来，四川也兴建、扩建了众多高等院校，其中，理工科的重要院校包括四川大学、电子科技大学、西南交通大学、成都理工大学、西南科技大学等，这些学校中也有众多哈工大人。

进入21世纪，随着高校扩招，哈工大毕业生也大幅度增加。

除了四川籍学生大多愿意回到家乡发展，更多外地哈工大人从东北、华北、西北乃至全国各地也来到了四川，四川不仅成了投资的热土，也成了高校毕业生就业的热土。年轻的哈工大人除了继续拥进前面所提到的高等院校、科研院所、军工企业、大型企业集团之外，更多人像水银泻地，浸入了国民经济的各个行业，包括诸多外资企业，甚至包括农林渔业。也有越来越多的热血哈工大人把四川看作创业的乐土，不畏险阻走上了创业的荆途，他们有希望成为明日之星！

值得一提的是，有许多优秀的四川哈工大人走上了各级领导岗位，从副省长到市、县级领导，再到政府部门负责人和各种开发区负责人，他们兢兢业业为社会经济发展贡献着自己的能量。他们是值得校友传颂的人！而在前述军工院所、高等学校、重点国企担任领导的校友就更多了，这些四川哈工大人为母校争得了更多的声誉和荣誉！

由于哈工大四川校友的组织能力尚有不足，四川校友会只收集到近二十篇校友贡献出的文章。这些文章所反映的校友故事的确精彩，也有代表性，然而与四川成千上万的哈工大校友数量相比，确实是挂一漏万。很多校友或者任务繁重，没有时间和精力考虑此事，无法把自己的故事讲给大家；或者正在爬坡，眼看即将收获重大成就，站上更高台阶，而眼下只能更坚韧地发力，默默做功；更多校友一生低调，从不张扬，虽有贡献甚至重大贡献，也不求名声。所有这些校友都是国家建设、民族复兴的中坚力量！

谨以此书献给所有在四川的哈工大校友。

哈工大四川校友会

目 录

国家的需要就是我的追求 / 2
——记中国工程院院士姜文汉

经历与感悟 / 16
——中国工程物理研究院原副院长宋宝增

出自哈工大摇篮的工程师 / 28
——记前锋无线电测量仪器厂退休工程师艾明

一个都没断，这是我一生中做得最漂亮的事 / 38
——记西南交通大学教授戴虹

四川省工程设计大师 / 50
——记四川国恒建筑设计有限公司总工程师王洪

献身航天　共铸大国神剑 / 58
——记7825班罗光学

为国铸剑航天情 / 66
——记四川航天技术研究院院长、党委副书记李占文

一位专业而热心的律师 / 76
——记四川律师尹晓华

勇做航天经营改革的先行者 / 90
——记四川航天技术研究院党委副书记张凯

无悔航天三十载　笃定初心赴征程 / 96
——记四川航天电子设备研究所副总工程师杨道国

坚毅笃学　才能"功夫到家" / 104
——记成都航天模塑股份有限公司总经理邓毅学

与哈工大再续前缘的"创业老兵" / 110
——记成都炬联智能科技有限公司副总经理王隽峰

从忠义之城走出的实干者 / 118
——记四川北新大弘集团副总裁彭复建

奋斗青春铸就航天型号中坚 / 126
——记四川航天技术研究院型号副总设计师张华

求真务实搞研发　奋勇争先求创新 / 132
——记中国东方电气集团中央研究院主任研究员王立闻

北归的中华田园犬在"蓉漂" / 138
——记2005届精密仪器专业漆长松

梦想照进现实 / 148
——记四川省曲艺家协会副主席田海龙

"哆啦A梦"的管家梦 / 160
——记立志为更多家庭提供家庭生活服务的廖义超

不忘初心　方得始终 / 170
——记宜宾市工业和军民融合局张乐陶

姜文汉

哈工大人在四川　HAGONGDA REN ZAI SICHUAN

HARBIN INSTITUTE OF TECHNOLOGY

　　姜文汉，1958年毕业于哈尔滨工业大学铸造工艺与设备专业，中国工程院院士，我国自适应光学的奠基人，现任中国科学院光电技术研究所学术委员会主任。他领导的研究团队在国内首次研究出自适应光学成套技术，构造了世界领先的自适应光学系统，使我国自适应光学达到国际先进水平；荣获国家科技进步奖特等奖一项、二等奖两项、三等奖两项，获中国科学院科技进步奖特等奖一项、一等奖六项、重大科技成果奖一等奖一项，国防科工委科技进步奖一等奖一项，等等。姜文汉还获得了"全国先进工作者""国家'863'计划先进工作者"等称号和"光华工程科技奖"等。

国家的需要就是我的追求

——记中国工程院院士姜文汉

成都南郊牧马山，因诸葛亮屯兵养马而闻名。走进中国科学院光电技术研究所科研区，一幢形似大型航船的"中国科学院自适应光学重点实验室"科研大楼迎接来客。这艘"航船"稳重而有动感，似在不停航行中。"航船"头部旁的草坪中，有一座英国绅士手持望远镜昂首眺望的雕像，那是艾萨克·牛顿，似为"航船"指引着方向。"航船"二楼端头有圆弧形窗户的房间，位置如同船长室，是姜文汉院士办公室，这里也是这个具有辉煌成就的科研单位的学术领航位置。姜院士的回忆也从这里延伸。

母校学习——夯实基础，锻造精神

1952年秋在国家大学大调整的大环境下，青年姜文汉响应国家号召，进入哈尔滨工业大学铸造工艺与设备专业学习。姜院士回忆，在哈工大学习的五年多时光里，最宝贵的收获当属基础知识和技能，这得益于哈工大的教学体系和中学时期打下的良好数理基础。

哈工大作为当时学习苏联教学体系的样板，通过大量课程设计、毕业设计、工程实习的实践训练，保障学生优秀的工程实践水平。这使得他在进入大学的第二年即参与了干涉测长仪的课题，第一次接触精密光学仪器，为他日后在光学天地施展拳脚播下兴趣的种子。另外，学校设置的口试考核十分有益。每个学生进入考场抽取一张考卷，考卷由2~3道范围很广的考题组成，学生准备半个多小时后向主考老师讲答案，老师不断进一步地询问。这种考核方式，锻炼了学生准确理解问题的能力和对一个科学技术问题的综合表达能力；培养了掌握物理本质、融会贯通基本概念的能力。这种重视实践、系统思考的教育理念十分有利于培养踏实肯干、实操能力强的高质量人才。

姜文汉后来从事的光学研究与在校所学专业相距较远，但是在哈工大期间锻炼出的严谨的科研思维方式、出色的实践和表达能力、良好的工作习惯，为他打下了坚实基础。例如，他自己建立的重要方法论——"时刻把握物理本质"，不仅是他后续几十年科研的原则，也已成为他率领的中国科学院自适应光学团队的思维特质与创新之魂。

两度"改行"，踏入光学研究之路

1958年毕业后，姜文汉被分配到中国科学院长春机械研究所工作，从事压力铸造工艺和设备研究，参与设计1 200吨大型压铸机。这是他第一次搞这么大的工程设计，当时还是年轻研究员的他和另一位同事怀着满腔工作热情，在三个月内加班加点，终于完成了这台大型压铸机主机的全部近千张设计图纸。这之后，为了解决压力铸造的模具和工艺问题，他每天晚上加班在高频炉旁进行压铸实验，丰富了实践经验。

1960年，我国决定技术自力更生，独立开展尖端科技研究。为集中力量，中国科学院将在长春的两个研究所（机械所、光机所）合并，组建了长春光学和精密机械研究所（简称长春光机所）。为研制出精度达到1微米陀螺仪的宝石轴承，姜文汉"第一次改行"，从原来研究金属铸造和成型转到研究亚微米精度的加工和测量。他自学了精密加工工艺和精密测量，举一反三，提出了测量1毫米直径小孔内壁表面光洁度（现在称表面粗糙度）的新方法，圆满完成了组织布置的任务。

1962年，长春光机所承担了研制我国第一台大型电影经纬仪的任务，这是一台口径达600毫米、重达几吨的精密仪器。上级要求不仅要研制出仪器，还要完成从研究向实用的转化，交付用户使用。姜文汉临危受命，担纲机械组负责人，进行了第二次转行：从精密机械转到光学机械。他自学了应用光学、精度理论和概率论等基础知识。在解决传动方案时，他设计试验装置，验证了摩擦传动设想的可行性，大胆将摩擦传动正式应用于系统，经受住了实用考验。在解决误差和变形方位止推轴承制造对轴系精度的影响问题时，他提出精度分析方法，设计了一套试验装置，用干涉方法测量了轴系晃动和零件制造精度的关系，并验证了分析结果。为了攻克测量高精度基准平面度的难题，他提出了一种自为基准的三点测量方法，不需要任何高精度的基准，解决了平面度测量的难题，他首创的这种方法沿用至今。

1971年11月，由于三线建设的需要，姜文汉举家随大部队迁到四川省大邑县的深山沟里，建设新的研究所（即光电技术研究所的前身）。在这里，研究员们以百分之百的热情投入新研究所的建设中。那段时间，姜文汉以对待研究的认真态度加入了研究所的基础建设，新研究所于1973年正式投入工作。

建所不久，所里承担了第一项独立研制任务——弹道相机（一种固定式、

姜文汉（左二）在实验室

大视场的飞行弹道的测量设备），是国内首次研制。所里把设计任务交给姜文汉负责，这也是他第一次独立负责整机设备的研制。作为负责人，必须把握总体性能，协调各分系统的关系。为夯实相关知识基础，姜文汉和林祥棣（继姜文汉之后也当选中国工程院院士）合作翻译了一篇20多万字的国外类似设备的详细研制报告。翻译工作主要在晚上业余时间进行，当时姜文汉一家六口人挤在20多平方米的房子里，放了床之后无处放桌子，每天他都只能蜷缩在一台折叠式缝纫机的台板上翻译。他用了一个多月时间，通过翻译学习，终于对分析光学设备的总体性能有了较深入的认识。

进入设计阶段后，姜文汉在艰苦的环境下兢兢业业地研究，甚至为了工作方便，晚上就收掉桌上的图纸睡在办公室里。因为工作内容过于复杂，他常常工作到深夜,为完成研究可以说是宵衣旰食。经过两年多的艰苦努力,我国第一台固定式弹道测量设备——弹道相机就在这个最年轻的研究所内诞生了。这台设备作为先进的技术装备被配发给了部队。后来,姜文汉又研制了两种不同规格的此类设备,成为研究所第一批系列产品。

1977年,姜文汉参加了科学院组织制订科学规划的计划,希望能够为即将到来的"科学的春天"添砖加瓦。国门刚刚打开时,国外光学领域一个新学科——自适应光学正方兴未艾。这门年轻的学科吸引了姜文汉的目光,他敏锐地判断,这个国内空白的新技术对中国的光学技术发展有着非同凡响的意义。于是,他在规划会上提出了开展自适应光学研究的动议,将其列入了研究所的规划内。

然而在会后,自适应光学的研究计划并没有被立即启动,领导最先关注的是大规模集成电路发展领域。大规模集成电路技术发展的关键基础是光刻机的研制,而姜文汉因为成功研制第一台弹道相机的丰富经验,再度受命接受了研制第一台接近/接触式光刻机的任务。这又是一次知识更新的挑战,从弹道测量设备转到研制精度要求极高的设备,他需要学习光刻工艺及对设备的各种要求。通过不断学习和实验试错,姜文汉带领这个团队历时两年,成功研制和装配出了我国第一台光刻机,为后来者奠定了基石。

开启自适应光学之门,走向事业巅峰

光学望远镜是利用光波获取远距离目标信息的有力工具,自伽利略1609年发明望远镜并用于天文观测以来,已有400年历史。由于光学天文望远镜的利用和不断发展,人类才得以观测到更遥远、更暗弱的天体,进而把视野扩展到茫茫太空和深邃的宇宙，为人类最终揭示宇宙起源之谜提供了前所未有的科学手段。因此，无止境地追求高分辨率是天文学家和光学工作者共同追求的目标。

从理论上讲，望远镜口径越大，其分辨率就越高。然而，天文学家无奈地发现，在实际的星体目标观测中，由于"大气湍流"这种动态干扰的影响，望远镜的实际分辨率远远达不到理论上所期望的衍射极限（最佳性能和工作状态）。艾萨克·牛顿因此提出，天文望远镜必须建在气流相对平稳的山顶上，但动态干扰这个难题，数百年来始终困扰着天文界。

20世纪70年代自适应光学技术的诞生，使这个难题终于有了解决的可能与途径。自适应光学系统实际上是一种以光学波前为控制对象的多路并行的自动控制系统。由于光学波长短，光学干扰变化速度快，自适应光学在精度和速度方面都有严格的要求，技术难度很大。20世纪50年代就有一位天文学家提出实时校正波前误差的设想，但由于缺乏相应的技术，一直没有实质性的进展。这种停滞状态一直持续了二十多年，直到1977年3月美国光学学会会刊上发表了自适应光学研究的论文，提供了突破性的观点，第一次使这个设想具有了一些实现的可能。当时姜文汉就阅读了这些论文，其中提到的自适应光学相关理论引起了他的注意。

自从阅读了这些论文，姜文汉就隐隐感到自适应光学可能是中国未来科技发展的重要领域，因此在完成手头工作之余，一直没有放弃对自适应光学研究前沿的跟踪和密切关注。但从1977年自适应光学发展建议列入发展规划后，一直到1979年，光电所都没有对自适应光学的发展做出建设性的项目批示。随着时间的推移，姜文汉越来越意识到自适应光学研发的重要性和紧迫性，想要尽快进入自适应光学领域进行研究。然而当时他也面临着一个风险：自适应光学作为综合光、机、电、计算技术和材料科学等多学科的新技术，与原来的工作相比，综合性更强、难度更大，不仅国内没有人搞过，国际上也只有刚刚发表的几篇文章做参考，做这样基础性的工作，很可能因为长期出不了成果而"坐冷板凳"。对于热爱科学并以此为事业的研究者来说，拿不出研究成果意味着长时间的孤独行进和不被理解，甚至连继续研究的个人积极性和外部支持条件都有逐渐丧失的可能性。因此，姜文汉有些犹豫。

这时，他的爱人凌宁研究员给了他坚定的支持："你知识面广，接受能力强，又肯下功夫，一定能够很快适应工作。这项工作尽管短期内出不来成果，但国家肯定是需要的，虽然有风险，但为国家开辟一个新学科是值得的。"对国家的无私奉献精神和爱人的殷切期盼使姜文汉坚定了破冰自适应光学领域的信念。他联系了几位有着共同目标的同志，联合向光电所领导提出了正

姜文汉和他的团队讨论问题

式开展自适应光学研究的建议，不久得到了上级支持。于是，姜文汉进行了他的"第三次改行"——从光学工程转为自适应光学，也自此开启了人生中最具社会价值、最辉煌的研究时光。

1979年，姜文汉和他的团队正式开始了自适应光学的研究。那时光电所刚刚在成都郊区双流的牧马山建立新址，条件十分艰苦，还是工地样貌，只有几间平房宿舍。他们自己动手对原来养蚕的平房进行改造，没有光学实验平台就找一块厚钢板，下面垫上沙子做减震。在极度简易的条件下，我国第一个自适应光学实验室就这样开始了研究。

研究伊始，便遇到了重大技术难题。自适应光学系统由波前传感器、波前校正器和波前控制器三个部分组成。波前传感器和波前控制器分属光学和电子学学科，可以由原来光学和电子学的研究人员来接手，但波前校正器没有对口专业人员，而其标准严苛，精度要达到几十纳米，响应时间要小于1毫秒，这是非常具有挑战性的任务。但波前校正器作为自适应光学中的核心器件，是不可或缺的基础，姜文汉团队必须攻克这个难题。当时没有人勇于挑此重担，于是姜文汉转而动员他的爱人凌宁研究员。在丈夫的鼓励下，凌宁开始了长期、艰苦的研制工作。在攻克了材料、结构、制造工艺、检测等诸多难题后，她终于研制出我国第一块变形反射镜和第一块高速倾斜镜，她的研究攻下了我国自适应光学的一块关键高地，保证了研制自适应光学系统的独立自主性。

经过两年的努力，姜文汉带领的自适应光学团队研制的7单元波前校正自适应光学系统实现了闭环校正，成功演示了自适应光学波前校正的基本原理，这是中国的第一套自适应光学系统。

姜文汉、凌宁夫妇在草坪上讨论问题

应中科院上海光机所之邀,改进为19单元变形镜的自适应光学系统与"LF12"装置进行联机,实现了对这套庞大激光系统的波前误差校正——这是全世界在激光核聚变系统中率先采用的自适应光学系统。这种突破性的技术应用,被美国劳伦斯利弗莫尔国家实验室赞为中国装置首先使用的"中国方法"。这次应用性实验,实现了自适应光学在我国光学界的自主研发。

姜文汉始终瞄准自适应光学最经典的应用方向——天文目标高分辨率成像观测,积极开展大气湍流造成的动态波前误差的校正技术研究。面对动态干扰(湍流)的空间－时间尺度匹配要求和要达到光子计数水平的计量要求,姜文汉带领团队从简单的系统开始,先建立一套21单元自适应光学系统,采用动态剪切干涉仪做波前传感器,用一台300毫米口径的望远镜在所区几百米的室外光路进行大气湍流校正实验,在1987年成功实现大气湍流校正。这

2000年4月29日，姜文汉院士在全国劳动模范和先进工作者表彰大会上

是中国第一次实现动态波前误差的实时校正，在世界学界范围内引发了广泛关注，奠定了自适应光学在我国光学界的前沿地位。

1985年夏，受"星球大战"计划启示，为抢占技术高地，中共中央、国务院批准了《高技术研究发展计划（863计划）纲要》，即著名的"863"计划。姜文汉担任"863"计划信息获取和处理主题专家组成员、领域专家委员会的成员和顾问，针对我国光学技术发展提出许多重要的建设性建议并被上级采纳。同时，在"863"计划实施中，有多个课题提出需要自适应光学的支持，姜文汉团队打下的基础对此起到了重要作用。在国家的坚定支持下，自适应光学研究发展愈发蓬勃；在姜文汉的不懈努力和带领下，重要成果不断破土而出。

在"863"计划的支持下，1990年研制的21单元大气湍流校正自适应光学系统,在云南天文台的1.2米望远镜上实现了对天文目标的自适应光学校正。这使中国成为第三个实现这一目标的国家。之后进行改造升级,对星体目标在红外2.2微米波段实现了接近衍射极限的成像校正,将该望远镜的分辨率提高了近一个量级。

姜文汉团队与北京天文台合作建立的"2.16米望远镜红外自适应光学观测系统",使我国拥有了世界上为数不多的实用近红外波段的自适应光学观测系统。37单元和61单元两套自适应光学系统已分别实现水平和斜程大气湍流补偿,获得国际上未见报道的校正效果。例如,此前系统观测判定为单星,经过新的校正观测看清为双星。

坚持应用研究,传承攀登精神

姜文汉在研究过程中一向警惕好高骛远的苗头,坚持搞好基础技术,由简单到复杂,优先认真解决单元技术。这种脚踏实地的态度使整个团队能沉下心来专注眼前的问题,一步一个脚印取得更多的成果。例如,在早期的研究中使用的都是剪切干涉仪,因具有高速运动部件,故结构复杂,问题颇多。姜文汉决定升级技术,引导团队开始了夏克-哈特曼波前传感器的研究。在解决将哈特曼传感器测量得到的信号转化为变形反射镜驱动器的驱动信号问题的过程中,他们提出了一种解算出控制信号新的算法——直接斜率法,并在国际社会上得到广泛认可和使用。在攻克了若干此类技术难题后,他们研制了新一代的天文目标自适应光学系统,获得了分辨能力更高的天文目标图像,并投入使用。即使在自适应光学系统在天文、激光领域已经得到成熟应用的今天,姜文汉仍然坚持加快推进单元技术的基础技术研究。在他的督促指导下，变形镜校正单元数已经可以上千，基于微电子制造工艺的 MEMS 变形镜也已研发成功，为自适应光学提高性能、降低成本提供了支持。

姜文汉始终重视自适应光学的应用拓展，敏锐捕捉新的应用目标。例如，在激光核聚变光束控制方面，他的团队分别研制了多种自适应光学系统，校正对象从激光系统静态波前误差扩展到在工作时产生的动态波前误差、激光器内部波前误差等，为我国"神光3"重大科学工程和新型高效洁净能源的探索做出了重要贡献。在太空应用方面，将自适应光学应用于空间大镜面在空间展开后的精确形状调节、大镜面的加工等。

姜文汉还主动进行艰难的跨学科研究，主动将自适应光学向医疗等领域延伸。在他和张雨东研究员（师从姜文汉、张之江两位老一辈院士，现任民进中央副主席、四川省政协副主席、中国科学院成都分院院长）主导下，研制出校正人眼高阶像差并获取视网膜高分辨率图像的自适应光学系统、自适应光学视网膜成像仪(AORC)、自适应光学视力训练仪(AOVC)等，这些新的医疗仪器为视网膜疾病和全身性相关疾病的超早期诊断提供了全新手段，造福千万患者。

多年来，姜文汉一直以国家重大需求为导向，始终秉持对科学的热爱、保持孜孜不倦的研究奉献精神，获国家科技进步奖特等奖、中国科学院科技进步奖特等奖等诸多奖项，于1995年当选为中国工程院院士。中国科学院的自适应光学研究室先后被评为国家863计划重点实验室、中国科学院重点实验室。实验室掌握自适应光学基础技术之全面、应用领域之广，国内外所仅见，被国外同行专家称为"世界规模最大的自适应光学研究群体"。姜文汉在1986年被美国光学学会选为会士(Fellow)，多次主持有关自适应光学的国际会议，受到国际学术界盛赞。

事业的未来在于健康的传承，自适应光学重点实验室人才辈出，已经形成繁花似锦的局面。但为了实验室、研究所的发展方向，他仍在不懈地操劳。每天早晨上班的人流中，总有这样一道风景：白发苍苍、已经荣休的老院士拄着拐杖，略显蹒跚地走向他的办公室，不时微笑地应接后辈学者送来的问候。这道风景，是中国科学院光电技术研究所职工们每天心里的第一次激励，传递着向上追求的无声力量……

结语

生活清苦，报效祖国赤诚从未消弭；科研艰辛，开拓光学前沿兢兢业业。姜文汉院士多年来以超人的毅力和忠贞的实干精神，以科学严谨的科研态度，筚路蓝缕，为我国自适应光学奠定基石，并使之位列世界前列。

离开那幢科研大楼，再次望向艾萨克·牛顿爵士的雕像，心里有了更深的感受。科学的道路上，需要努力，但更需要人格。姜院士的人格力量，才是引导这艘"航船"走在正确方向上的"舵"。他谈国家需求，不提个人荣誉；谈努力科研，不计生活回报；谈报效国家，从来不谈曾遇到的困难。姜院士的辉煌成就和人格精神值得所有人敬仰和学习。作为高校学人，得以瞻仰姜院士多年心路，感悟人生经验，真是幸事！厚积薄发，年少可期，愿诸君共勉。

（撰稿人：王蔚涵。感谢姜文汉院士与中国科学院自适应光学重点实验室提供大量材料）

宋宝增

哈工大人在四川　HAGONGDA REN ZAI SICHUAN

HARBIN INSTITUTE OF TECHNOLOGY

　　宋宝增，汉族，山东莱州人，中共党员，1940年1月14日生，1965年8月毕业于哈尔滨工业大学工程物理系电物理装置专业。曾任国营221厂实验部31室技术员，中国工程物理研究院二所所办副主任、副所长，中国工程物理研究院副院长等职。研究员，享受政府特殊津贴。长期从事军转民技术开发和产业化工作，这二十多年来主要组织和参与节能环保技术开发及产业化，获四川省固废专委会环保终身荣誉奖。现任广东省核电厂安全性能提升与放废处理工程技术研究中心学术委员会主任、中国环境科学学会高级会员、中国生态文明研究与促进会理事、四川省环保产业协会顾问，兼西南科技大学、四川理工学院环境工程学科教授。

经历与感悟

——中国工程物理研究院原副院长 宋宝增

祖国正以震惊世界的辉煌跨越70华诞，母校——哈尔滨工业大学即将迎来百年校庆，我也即将年满80。在这个重要历史节点，我要向母校汇报我的几段经历，以表示对母校、老师、同学和校友深情的怀念。

在山东掖县的20年

1940年1月14日我出生于山东省掖县（今莱州市）程郭乡东宋家村。当时，抗日战争进入最艰苦时期，由于八路军的英勇抵抗，日军不敢住在乡村，只能龟缩在县城和大镇的据点里。日军下乡扫荡，母亲抱着我躲进山沟里。

当时，闯关东是一条重要的生活出路，我爷爷、父亲和叔叔都闯关东，有了闯关东的收入，我家生活条件相对比较好，土改时被定为上中农。

1947年秋天，国民党军队重点进攻胶东地区，我亲眼见到了国民党正规军的浩大阵容，450辆美式十轮卡车，满载武器和士兵，沿掖栖公路东去，气势汹汹地冲进了解放军的口袋阵。解放军反攻开始，敌人溃不成军。1947年10月18日，掖县解放。

1948年冬我开始上小学，1954年考入掖县二中，美好的住校生活和严重的经济拮据状况同时开始。当时，我村成立农业合作社，农民基本没有经济收入，学校每月只发放5.4元的生活费，生活成了难题。无奈，我只有将户口从学校转回生产队，每月分得30斤玉米面背到学校，折合3.0元，其他费用靠母亲卖鸡蛋和掐草帽辫勉强维持。困难环境激发了我学习上进的精神，每个星期六下午和星期天上午我都到生产队劳动一天。在校学习成绩也逐渐提高，尤其是初三最后一个学期，我连续三个半月在校学习不回家，几乎将所学课本都背了下来。天道酬勤，毕业时我光荣地加入了共青团，并考进了全县应届仅招收92名高中生的掖县一中。

我被分在2级2班，班主任是李建刚老师，他的言传身教使班级风正气盛，我略感学习竞争的压力，不敢松懈。高一和高二主要靠暑假勤工俭学和家里少量补助解决每月8.5元的生活费。高三开学的前一天，为了挣4.7元的运送鲜鱼费，我推着独轮车在雨中淋了3个小时，得了重感冒。祸不单行，在学校的病号宿舍又被蚊子叮咬，传染上了乙型脑炎。

李老师安排同学将我送进掖县人民医院，并让同学轮班护理。

住院的前四天，我不省人事，住隔离间，离死亡仅一步之遥，第五天才醒过来。我的主治大夫是1958年北京医学院毕业的张少华大夫。她救了我的命。第八天出院结算时，应交80元，父亲东凑西借才凑齐了费用。

我回家休息了三个半月，基本康复，要求回校学习，但学校担心我得精神病，劝我休学。我复课学习心切，无奈，只好求助于医院，大夫经过精神反应测试，开出证明："患者宋宝增，精神正常，同意复学"，还加盖了掖县人民医院公章。复学后，除了正常上课，我用1个月的时间补上了所缺课程。李老师替我申请了4.5元/月的助学金，加上在新疆打工的大哥帮助一些，我顺利完成了高中学业，并于 1960 年考入在山东省仅招 50 名学生的哈尔滨工业大学。

在童年战乱的年代，割草和放牛是我的主业；中学时代，党和国家给我们创造了良好的学习环境，良师益友的帮助，加之"三个半月"的奋斗精神使我"心想事成"。

在母校的五年

1960 年 8 月初，我收到哈工大动力机械系（二系）的录取通知书，非常激动，做一名工程师的理想可以实现了。

通往理想的道路并不平坦，在系里分班时，将我一人分到水力机械和电物理装置两个专业，在水力机械学了 3 个月，系里罗老师找到我，让我去 6026 班，我非常高兴地转到电物理装置专业。

1960 年—1962 年生活困难时期，由于粮食不够吃，同学们经常打酱油和买豆瓣酱冲着开水喝充饥，多数同学都患浮肿，我的体重从 130 多斤减到 94 斤，全身乏力。在这样的困难条件下，虽然相信困难会很快过去，但学习劲头明显受到影响。

1963 年，学校给我们每人每月增加 3.0 元生活费，我的助学金也增加到 17.5 元/月，不但能吃饱，而且每天能吃到一个肉菜。生活改善，体力恢复，加之学习毛主席著作、学雷锋和工业学大庆等教育活动，我的心灵受到触动，重显"三个半月"奋斗精神，学业上劲头十足。

大三开始我担任 6026 班班长，更加严格要求自己，带领大家奋发向上，我以优良的成绩完成大学学业。在班级辅导员刘富润、孙恩召、汤宝寅和刘殿奎及班里唯一党员徐秀兰的精心培养下，我成为学习毛主席著作的标兵，并在全系大会上介绍学习经验；1965年6月29日在专业教师学生联合党支部光荣加入了中国共产党；还获得了优秀毕业生的荣誉。

在毕业分配时，可申报的志愿是上海市、北京市和二机部。我填报的

6026班党员与老师合影，1965年8月15日
（前排左起刘富润、孙恩召、徐秀兰，后排左起汪良才、刘玉成、宋宝增）

志愿是：祖国的需要就是我的志愿，服从组织分配。全班同学要离开母校，作为班长，我的最后责任就是将班里每位同学安全送上火车。

在母校学习的五年，改变了我的人生轨迹，为走上工作岗位做好了思想和专业能力准备。母校是新中国成立初期接受苏联工业技术的桥梁，理工基础教育扎实，强调理论联系工程实际，大学阶段安排认识、生产和毕业三次实习，有效地提高了同学的独立工作能力。真刀真枪的毕业设计，类似于承担一个科技攻关项目，全面提高了同学综合分析和解决工程技术问题的能力。这些教学安排都体现了规格严格，功夫到家的教学目标。

离校后的 55 年

我们班六位同学被分配到了二机部第九研究设计院（国营 221 厂），当时单位安排我们先下乡参加两期（一年）运动。

一期社教在青海省大通县关巴大队，我们住在贫农侯宝朝家里，和他们同吃、同住、同劳动，晚上开会宣讲和学习。当时青海农村的生活条件是难于想象的艰苦，用碗喝口水吐出来洗脸，洗碗用破布擦，吃的是青稞和土豆，过年才能吃到肉。一期社教结束时，我得到了贫下中农的好评，青海省社教工作总团副团长让整理我的先进事迹。二期社教在互助县白多崾大队，我升任为工作组组长，因为有一期的工作经验，按照当时政策要求圆满地完成了任务。

1966 年 11 月，期待已久的进厂参加专业工作开始了，我被分在 221

在青海与同学合影留念
（前排左起宋宝增、满永在、冯兰林，后排左起熊日恒、蔺忠良、黄孙仁）

厂实验部31室一组，从事高压倍加器的运行和维修。这种加速器在母校仅学了8个学时。由于母校的专业基础课程设置完备，我仅用了3个月就担任加速器运行的值班长。1967年11月，出差到四川902地区设计加速器厂房。

1969年4月，我作为搬迁的先遣队员，前往四川九院二所做生产准备。在安县高川乡这个深山沟，我工作了17年，先后从事加速器运行维修和$10^{11}W$水介质相对论电子加速器的研制。我于1982年9月参加了王淦昌和于敏组织的全国第一次惯性约束聚变会议，我的加速器研制报告得到王老的好评；1983年3月受核工业部聘任参加了九院十所"闪光一号"的鉴定，王淦昌任鉴定委员会主任；1983年7月参加了程开甲院士在杭州组织的加速器鉴定会，我作为一个工程师进入评审核心组。至此，我的电物理专业工作基本告一段落。我于1983年8月被任命为二所所办副主任，于1984年8月被任命为二所副所长，分管军转民、人事、动力等部门。在安县和绵阳电业局支持下采用电炊具做饭，结束了用含硫蜂窝煤做饭的历史；组织引进日本EPS加速器、热缩制品规模化生产等工作，得到好评。1986年6月7日被核工业部任命为九院副院长。为什么能破格提拔我任副院长？主要因为二所傅依备所长组织领导的军转民工作在院内领先，全院首次军转民工作大会就是在二所召开的，我是作为二所代表到院里推动这项工作的。

我在院里分管军转民、行政处、物资部和职工医院，上级领导给我的主要任务是"利用九院的技术优势爆炸经济原子弹"。在组织领导的信任和艰巨的任务面前，我承受了巨大的压力。通过多学科的业务学习，我组织各所制订每年的民品开发计划，设立民品开发基金，重点开发有技术基础和有商业前景的项目,经过十几年的艰苦努力,终于开始摆脱了工作困境。

20世纪80年代中期,邓稼先院长和李英杰书记为应对快速技术进步和核禁试的压力,向上级提出计划单列的申请,1990年获得批准,九院改名为中国工程物理研究院,简称"中物院"。我们编制的《中物院军转民九五发展规划》文稿,得到了国防科工委丁衡高主任亲自审阅和肯定,我好像获得了心理解放,工作压力减少了许多。

30多年来,全院经过共同努力,形成了以核技术应用、环境保护、电子信息、精细化工、新材料、光机电一体化等六大高新技术产业为重点的军转民产业发展方向,逐步扩大产业规模,不断提高总体发展水平,抓住西部大开发和建设绵阳科技城的历史机遇,充分发挥自身的优势与能量,为国民经济与社会发展做出了积极的贡献。下面仅将可圈可点的成就汇报一下:

1. 利尔化学上市公司,生产氯代吡啶除草剂,这种农药高效、低毒、无残留、无抗性,国内领先;

2. 银海科技上市公司,承担信息和社保管理业务,是国内三大社保信息管理服务公司之一;

3. 久远化工公司,用菜籽油生产长碳链化工原料,与英国国际禾大公司合作,国内领先,世界一流;

4. 科莱公司,中西部最大的电梯厂。

在院外参与共同研发或培育的实体主要有:

1. 香港上市的北控水务,由于并购本院的四川中科成环保集团公司,主业变更到水处理产业,现在规模国内第一,世界第三;

2. 南京磁谷科技公司,生产磁悬浮鼓风机,国内第一,世界第三;

参加久科环保工业含盐废水超低排放与资源化集成创新处理工艺成果鉴定会

3. 内蒙古久科康瑞公司，依托该公司设立的环境治理院士专家工作站，已获得两项国际领先科技成果并推广应用。

在环保产业固废、废水和废气处理领域，我们与国内外业界合作，集十几个发达国家的先进技术于一体，通过引进、消化、吸收和创新，在研究高度、深度和广度上，都基本达到了青出于蓝而胜于蓝的水平，具备了参与国际竞争的能力。

通过长期的技术开发实践，我体会到：高技术产业是复杂技术组成的产业，不可能一蹴而就；需要一个一流的研发团队，用十年磨一剑的毅力和意志，才能打通一个产业链，建立一个产业的技术体系。"科技是第一生产力"无疑是非常正确的，但具体实施科技成果转化的微观环节，需要资金、管理和技术三位一体。李克强总理强调要打破科技成果转化的瓶颈，也是这个道理。

宋宝增

2005年8月退休至今，由于个人兴趣和事业发展需要，我仍未停止工作的脚步，不是为了生存，而是工作几乎成了第一需要。我长期从事技术开发和产业化工作，得到业界的认可，先后获得四川省先进科技工作者、环保终身荣誉奖和国务院政府特殊津贴等荣誉，被多个公司聘任为技术顾问，多次参加具有世界先进技术水平的成果评审。

离校55年，大部分时间工作比较顺利，主要原因是在各个阶段都有恩师和著名科学家培养和指点，他们是我的贵人，这里仅介绍业务接触较多的几位。

傅依备院士：1929年4月4日生于湖南省岳阳县。1960年在苏联列宁格勒化工学院研究生毕业并获副博士学位。回国后在清华大学任讲师，1963年调到九院。曾任该院二所所长和院科技委副主任。现任中国工程物理研究院（原九院）研究员、院专家委员会委员、博士生导师、四川大学原子分子工程所所长，中国工程院院士。他主要承担九院核试验放化测试任务，突破了许多关键技术，满足了我国发展国防核技术的需要。他是我的恩师，不但学术造诣深，做人做事都是楷模。2011年，他以82岁高龄领导我们在鄂尔多斯市设立环境治理院士专家工作站，解决了"高含盐难降解废水处理零排放"

2011年8月，傅依备院士在内蒙古久科康瑞公司（前排左一宋宝增，左三傅院士）

的难题。最近，他把靠工资积蓄的100万元捐给了家乡做教育基金。

王淦昌院士：他是我国核物理泰斗，我们研制水介质相对论电子加速器时，他多次到现场指导；1982年在北戴河开会时，他鼓励我说："老宋，你做的报告顶好"；1985年我到北京向王老汇报小型加速器的应用，王老认真听后，让我把材料留下他要仔细看看，一个月后又将材料寄给了我。大师级科学家的言传身教，铭刻在我的记忆中。

高潮常务副院长：邓稼先任中物院院长时，高潮任常务副院长，分管人、财、物和科研计划。1980年我去北京落实加速器加工单位，高副院长竟然带我们跑了一整天，落实了协作加工单位。引进日本EPS加速器时，我向高副院长汇报："这个项目我们是看准了，如果成功了我一分钱奖励不要，如果失败了扣我一半工资，退休后仍可继续扣。"他马上表态："宋宝增你敢给我立军令状，我得支持你。"当即批准解决资金350万，其中180万是拨款，另外170万是贷款（年息1.5%）。高副院长多次教导我："中物院开发什么民品项目，都要做到国内领先，世界一流。"1985年高潮副院长调到中国科协任党组书

2011年6月，中国科协高潮副主席来绵阳通美公司指导工作（左起徐庆元、高潮、王华峰、宋宝增）

记、副主席，据说他曾两次向李英杰书记提出调我去科协工作，李书记不放。可见这两位老领导对我的信任和器重。

俞大光院士：我进国营221厂时，才知道母校的俞老师在设计部任副主任。我到院里后，和俞老师都在院机关工作，在一个小食堂吃饭，深感俞老师工作态度特别严谨，他每次做报告都要在笔记本上写好稿子，不随便讲话。他平易近人，业余时间有时也与职工娱乐，曾教我打桥牌，还会唱京剧。他退休后才评上院士，他给院里写信说："退休人员评上院士的，有的单位将其恢复工职，也有的单位没有恢复，我的情况请院领导决定。"作为参与讨论老师的恢复公职问题的学生，我首先发言："俞老师的很多学生都评上了院士，他本应更早评为院士，建议从优处理。"其他领导都无异议，恢复了他的公职。

陈能宽院士：1998年4月，陈能宽和卢永祥等四位院士去澳门做学术报告前，让我给他找个秘书整理英文资料。他做报告的题目是《高技术与可持续发展》，我推荐可胜任此工作的六所副所长徐庆元完成了他布置的任务。陈院士从澳门回来，写信感谢我们并提供了澳门环保产业发展信息。一次他从北京来院里开会，我带着几个搞环保的同事去看望他，我说："陈院士，我们发展环保产业得打你的旗号。"陈院士马上回答："不是打我的旗号，这是我的责任！"可见老专家的思想境界之高。

80年的回顾，过去的一切都在眼前。青年时代做梦都没想到能过上今天这样的幸福生活，幸福确实是奋斗出来的。余生之年，我将继续努力，报效祖国，为母校争光。

宋宝增　2019年10月26日于四川绵阳

哈工大人在四川 艾 明
HAGONGDA REN ZAI SICHUAN

艾明，1936年出生于四川省江北县（现重庆江北区），1957年毕业于江北二中，并以全县最高分考入哈尔滨工业大学仪器系，1962年毕业分配到766厂，从事电子仪器制造工艺工作。1965年被评为成都市劳模。1967年出任我国第一颗人造卫星工程的"时间统一勤务设备"主持结构设计师兼主持工艺师。1978年转入调制度计量测试工作，研究出多种测量方法，全面扩展了我国调制度计量测试能力；起草了调制度测量仪国家计量检定规程（JJG 437—1989），形成了国家调制度计量检定体系；研制出了"调制度自动比对系统"，解决了国家调制度量值统一问题。1991年转入电磁兼容学科，针对辐射干扰测试场地引进了美国"归一化场地衰减（NSA）"检定方法，针对辐射抗扰度测试场地引进了欧盟"场强均匀性"检定方法，所写论文《EMI测试工程的实践》成为《第四届全国电磁兼容学术交流大会论文集》的卷首之作。

出自哈工大摇篮的工程师

——记前锋无线电测量仪器厂退休工程师 艾明

在欢庆解放的锣鼓声停息后，失学的农村娃艾明于1951年兴高采烈地入读四川省江北县第二中学（重庆渝北中学）。1957年以全县最好成绩考上哈尔滨工业大学仪器系。1962年毕业，分配到电子部766厂，即国营前锋无线电测量仪器厂（成都40信箱）。

作为新中国培养教育的知识分子，艾明怀着建设祖国、献身四个现代化的理想，决心在国防工业上大干一场。于是他热情洋溢，斗志昂扬，发奋工作，首先负责LCCG电感电容测量仪1 000 pF空气可变电容器的研制。电容器片是薄板形精密零件，片厚公差仅有0.02 mm，工艺复杂，造价昂贵，成品合格率极低。艾明通过对电容器原理的分析，发现影响电容量的关键因素是由装配尺寸形成的动、定片之间的间隙d，并不是片厚。于是，设计了分组装配工艺。用垫圈厚度变化抵消片厚误差，保持间隙d不变，从而使大量废片复活，大大提高了经济效益。接着他参加TF-2调制度测量仪的试制。其中电容器动片组的瓷轴与金属胶粘结合。按苏联工艺，用БФ-2胶粘接，强度达不到要求。他进行了环氧树脂新工艺研究，使粘接力达到了537 kg/cm^{2}的高强度。在工艺实验成果的基础上，根据不同的基材和强度要求，编制了常温、中温、高温固化三种环氧树脂粘接通用工艺，促使环氧树脂粘接新工艺全面推广应用。在仿制世界先进水平的SMF标准信号发生器（厂代号112机）时，负责六大关键部件的攻关。其中鼓形开关0.1 mm摆动量是最大难关。鼓形开关结构复杂，瓷轴直径误差已大于0.1 mm，无法定位。工装设计师们对粘接夹具束手无策。他就自己设计夹具，亲手装配与粘接。夜以继日地战斗几十天，通过多次失败与改进，终于攻克了0.1 mm难关。为了试制这六个关键部件，艾明不分白天黑夜，连续工作了大半年，攻艰克难，按时完成了任务。112机试制成功，市场供不应求，766厂十余年间生产了14 890台SMF标准信号发生器。在全国科技、国防、工业、交通、广播、电视、电信等各行业，凡与电子技术有关的场所都有112机的身影。在西方对我国进行经济封锁的年代，112机对国家做出了巨大贡献。艾明在112机试制中的刻苦钻研精神和攻关成绩，获得了全厂的好评，他出席了成都市1965年"五好职工"（市劳模）代表大会，成为全厂知识分子又红又专的典范。

1965年1月，中央决定研制与发射中国第一颗人造卫星——"东方红一号"，代号为"651工程"。为卫星工程提供统一时间号令的仪器称为"时间统一勤务设备"，简称"时统"。时统由电子部17所与766厂联合研制生产。766厂委任艾明担任时统主持结构设计师兼主持工艺师。1967年，形势动乱导致工厂停产，"651工程"的时统的研制生产也处于瘫痪状态。在混乱中，艾明冒着生命危险坚持工作。不仅设计图纸、编制工艺，还亲手开动机床加工零件。中央针对时统设备下达了限期完成的指令。随即成都市领导孙洪道主任（50军军长）就在军部召开会议，宣布对766厂实行军事管制，立即恢复生产。在厂军管会的领导下，经全厂职工团结协作，大家连续奋战，终于按时完成了任务，确保了"东方红一号"卫星1970年4月24日发射成功。时统是766厂作为国防厂的主要标志产品，是766厂对中国航天事业的重大贡献。时统设备胜利完成任务后，国家给全厂职工发来了嘉奖信，并给766厂一个名额参加人民大会堂的国庆招待宴会和上天安门观礼台，观看国庆二十周年盛典。这是766厂历史上唯一的一次国家最高规格奖励。

1972年，艾明担任工艺室主任，领导工艺室的恢复与重建。他大力进行工艺基础建设：（1）改革工艺管理文件，设计"工艺综合明细表"，使其成为全厂生产管理的核心文件；（2）针对生产品种繁多、批量小以及工人技术水平高的特点，废除了承袭苏联的烦琐工艺卡片，简化了工艺卡片的编制；（3）编辑"金属材料新旧牌号对照表"；（4）编辑《非金属材料手册》；（5）建造系列"通用工艺装备"。根据生产及新仪器试制的需要，拟定了二十多副通用工装，提出了设计任务书。工装设计师设计工装，工具车间加工制造工装实物。他将每副通用工装的用途、加工对象、工艺参数、加工形状与尺寸、精确度等资料整理编辑成《通用工装图册》，供结构设计师及工艺师选用。通用工装对加快新产品试制、降低生产成本、提高生产效率发挥了重大作用。

艾明进厂不久就在机械技术人员中发起成立"无线电技术自学小组"，以增强电子仪器结构设计师和制造工艺师的业务能力。1964年，他又旁听了电子科大陈复教授讲的"无线电技术基础"课程，为打开电子技术的大门奠定了牢固的基础。大家当"逍遥派"的时候，他则潜心自学电子技术。在电子管晶体管换代期，他自学了由日本翻译的"晶体管电路丛书"十余册，极大地丰富了电路知识，接着，又自学了电子科大《无线电测量仪器》的专业教材，对本厂生产的仪器的工作原理有了初步认识。在时统二期工程时，他在完成结构设计及工艺工作后，又承担了"晶体老化台"的研制。攻克困扰众多电路技术人员的晶体振荡器主振级基极电平摆动难关，制作出了国内先进水平的高稳定度石英晶体振荡器。后来艾明以工艺员的身份参加 50 MHz 频率合成器的试制。仪器研制的关键是攻克美国 HP（惠普）公司的"电荷存储式分频器"。毕业于名牌大学的八位电路设计师面对实物和说明书，看不懂这种分频器的工作原理。艾明经过反复思考，终于揭示出了电荷存储式分频器工作的物理过程，说明了电路的工作原理。除主持设计师外，其余的人都听不懂。主持设计师将工作原理写成文章，他们反复阅读后，才明白。主持设计师邀请艾明参加攻关小组，在西方对我国封锁禁运，只能用国产元器件的情况下，经过反复试验，攻克了重重难关，电荷存储式分频器终于研制成功。频率合成器各分机试制完成后，主持设计师又邀请艾明负责一部整机统调。他调试出了质量最好的仪器，并被援朝工程优选，送去了朝鲜。实践证明艾明不仅是优秀的工艺师，也是杰出的电路设计师。于是在开始改革开放的 1978 年，他从工艺科调到了仪表科，从机械技术转向了喜欢的电子技术。

中国空气动力实验基地购进了西南地区首台世界先进水平的信号发生器 SMDU，使用中出现了故障。R/S 公司中国维修部不能修理，只能送回德国总部去修，并用外币结算。改革开放之初，动用外汇和申办进出口关税程序是复杂而漫长的，只能在国内修理。于是 766 厂与基地联合组成了八人修理小组，并指定经验最丰富的一位老工程师负责。当时，这位工程师已确定调到广州，出任华南电子进出口公司总工程师，正在办理调动手续，不能静心修理仪器，必须另寻"主刀手"。于是由艾明继任主修者。经过两个星期的仔细探索、排查，他终于找出了故障根源，更换了损坏的器件，仪器恢复正常工作。SMDU 的修复是一个标志性事件。像这种世界水平的高级精密仪器都能修复，还有什么进口仪器不能修呢？之后，生产线上一台关键的进口仪器损坏了，厂领导指定他修理，也快速修复。在机构调整时他被分配到修理二室，专职修理进口电子仪器，修了BO-5型1 000 MHz频率特性图示仪。接着，又调到计量一室，从事调制度测量仪检定工作，并兼管进口仪器修理。其间修理过日本武田的TR4132型1 000 MHz频谱分析仪。766厂引进美国FLUKE公司的6060B生产线，购进了大批世界最先进的惠普公司系列仪器。他也承担这些仪器的计量检测与维修。

随着移动通信的兴起，德国R/S公司的FMP3电台综合测试仪畅销。为满足国内市场急需766厂购进了一批。仪器到厂后，艾明检测出解调失真不合格。R/S公司说：不可能！FMP3畅销全球都合格，而且有中国国防科工委无线电计量中心（航天203研究所）的合格证。于是R/S公司要求766厂去北京复检。他们借用中国科学院电子学研究所实验室作为检测场地，关键仪器借自航天203研究所，并从德国请来了FMP3设计师参加检测。在德国专家见证下，艾明等人对FMP3进行复检。解调失真仍然不合格。R/S公司认为：被检仪器工作正常，所测数据代表FMP3共性，无法提高，只得修改仪器指标，降低要求。R/S公司在世界仪器行业中的地位仅次于美国HP(惠普)公司，R/S仪器誉满全球，被迫修改指标尚属首次。艾明对FMP3的检测，体现了哈工大"规格严格，功夫到家"的校训。

在调制度计量检定工作中，有些超出检定系统范围的仪器，无法检定。针对这些难题，艾明研究出了一系列的计量测试方法，突破了技术障碍，实现了对这些仪器的检定。例如：（1）根据分频器线性分频特性，研究出了"大频偏的分频检定法"，解决了大频偏信号的计量检定问题。（2）根据倍频器线性倍频特性，研究出了"高载波频偏的倍频检定法"，解决了高载波频率信号的计量检定问题。（3）他研究的"宽带调制的间接检定法"，利用具有良好的调制频率平坦度的调制测试信号源，将标准调制度测量仪在窄带调制频率内的高精确度传递到宽带调制频率范围，实现宽带调制的检定。（4）测量小调制度时，由于信号微弱，干扰严重，很难进行准确测量。他研究的"窄带限噪法""峰值修正法""变带比较修正法"，对各种测试中的噪声干扰进行限制与修正，取得了明显效果，显著提高了小调制度测量的精确度。（5）他研究的"低载波频率调幅度的电压补偿检定法"是在调幅波的时域波形上叠加直流电压，将调幅波包络交流电压的测量转变成直流电压的测量。直流电压的测量精确度远远高于交流电压的测量精确度，从而提高了调幅度时域测量的精确度，实现了低载波频率调幅度的检定。对上述计量检定方法，艾明都进行了严格的理论推导和严密的误差分析，提供了可重复的实验报告。各种检定方法的论文发表在《计量技术》杂志上，得到同行好评。大家一致认为，上述计量测试方法，全面扩展了我国调制度计量测试能力。在"调制度测量仪国家计量检定规程"审定会上，专家们认为上述计量测试方法"理论正确，实验充分，数据令人信服，解决了国内调制度计量的几个难题，为调制度计量技术的发展做出了贡献"。

中华人民共和国国家计量检定规程是国家的技术法规，是从事计量检定业务的依据。参加调制度测量仪国家计量检定规程起草权竞争的单位有：中国计量科学研究院无线电处、国防科工委无线电计量中心（航天203研究所）、上海市计量局、天津市二机局计量站和电子部766厂。国家计量检定规程是代表国家的水平，技术上要体现先进性，必须采纳计量研究的新成果。766厂凭借艾明的研究成果获得了调制度测量仪国家检定规程的起草权。艾明综合全国的经验，结合自己的研究成果，起草了《调制度测量仪检定规程》。1987年5月，国家计量局组织专家审定。审定委员会认为766厂提供的"《调制度测量仪检定规程》（送审稿）、《编写说明》、《误差分析》、《实验报告》、《征求意见汇总》等五份文件，是在深入细致的实验工作和理论分析基础上编写出来的，内容丰富，数据充足，条理分明，有较强的说服力"。审定顺利通过。1987年12月终审通过。国家技术监督局1989年4月6日批准，《中华人民共和国国家计量检定规程"JJG 437—1989调制度测量仪"》自1990年2月6日起在全国施行。调制度测量仪国家计量检定规程的制定，确立了766厂在国内调制度计量领域的主导地位。机械电子工业部标准计量处1989年1月编辑出版的《电子计量服务能力》一书，明确指出：第四区域电子计量站（设于766厂）"在调制度计量方面居国内领先地位"。

调制度测量仪国家计量检定规程确定HP8901A调制度分析仪为我国检定调制度测量仪的标准仪器。HP8901A的测量精度为±1%，世界上只有美国建立了精确度为±1‰的调幅度标准，可以对其检定。因而，HP8901A的检定问题，成了国内调制度计量的重大难题。为了解决这个难题，艾明参照国际上采用比对测试协调各国标准的办法，研制出了HP8901A调制度自动比对系统。利用这个系统，电子部十所以"西南地区无线电计量协作组组长"的身份，于1988年召开了西南地区调制度自动比对会议。参加比对的单位有总参57所、中国工程物理研究院、电子科大微波中心、中船总750计量站（昆明）、公安部第一研究所（北京）、成都飞机公司、航天289厂（重庆），电子部十所主办、766厂协办。国防科工委无线电计量中心（航天203研究所）也参加了会议。会议大获成功。大会一致认为："调制度自动比对系统是替代调制度国家标准对调制度分析仪进行检定，并实现调制度量值统一的好办法，解决了我国调制度计量领域的重大难题。"此后，西南地区无线电计量协作组就把组织调制度自动比对作为每年活动的中心内容。289厂新购买的仪器比对数据超差，发给了不合格证书。美国HP公司认可检定结论。以艾明研制的"HP8901A

调制度自动比对系统"为参考，西安卫星测控中心计量站、国防科工委无线电计量中心（航天203研究所）、海军计量站（锦西）也先后研制了调制度自动比对系统。

以艾明为第一作者兼统稿人的《失真与调制参数的计量测试》一书是中国计量测试学会主编的"无线电计量测试丛书"的第八分册，于1989年由中国计量出版社出版。该书系统地论述了失真度、调幅度、频偏三个无线电参数的计量测试科学技术知识，介绍了每个参数的基本概念、测量方法、测量仪器、检定装置与计量标准。该书是国内这三个参数计量测试的唯一专著。

艾明是中国计量科学院组织起草的《国家计量检定量值传递系统》中"调制度计量检定量值传递系统"的起草人，是《全国计量检定人员考核统一试题集》（陕西科技出版社出版）"调制度试题"命题人，是《电子测量仪器技术手册》（电子工业出版社出版）"调制度测量仪"一章的作者，是《计量技术》杂志调制类论文特约审稿专家。

随着电子学在国防、国民经济和日常生活中的广泛应用，电磁干扰日趋严重。为解决这个问题，20世纪80年代诞生了"电磁兼容"学科。766厂从1991年开始建设电磁兼容测试室，指定艾明负责。艾明从头学起，边学边干，没有中文资料，就从国外杂志开始学习。电磁兼容测试是一门实用学科。各国电磁兼容标准主要参考国际电工委员会电磁干扰专业委员会发布的CISPR公报制定。这些标准详细规定了电磁兼容测试的内容和要求。艾明根据相关标准的要求，参照同行的经验，结合本厂的实际规划设计了电磁屏蔽室、电波暗室，并组织工程招标、建造、验收。国内的惯例是只检查吸波材料是否合格，建成后场地的性能未做鉴定。艾明首次引进美国最新的电磁兼容ANSIC 63.4—1992标准，对模拟开扩场的电波暗室的电波传输特性进行了"归一化场地衰减(NSA)"检测。首次引进欧盟最新的电磁兼容 IEC1000—4—3(EN50140) 标准对辐射抗扰度测试电波暗室的电波传输特性进行了"场强均匀性"检测。场地建好后，进口了关键测量仪器，并设计制造了相关的配套设备。然后按电子仪器电磁兼容标准的要求，进行了各项测试实验。1996年具备了测试能力。除电子仪器外，这个测试室也能用于其他中小型电子设备的电磁兼容测试。同行认为这是国内性价比最好的电磁兼容测试室，电子30所以此为样板建设自己的场地。美国HP、德国R/S等世界仪器巨头，对于只用它们十分之一的资金，就建成了这样好的电磁兼容测试室表示惊讶。1996年7月，中国电子、航天等12个一级学会联合召开"第四届全国电磁兼容学术交流大会"，由中国铁道学会承办。由中国铁道出版社出版的《第四届全国电磁兼容学术交流大会论文集》收录了北大、清华等20多所大学和中国工程物理研究院、中国空间技术研究院等50多院所的133篇论文。艾明的论文《EMI测试工程的实践》被大会学术委员会评为优秀论文，编排在卷首，成为《第四届全国电磁兼容学术交流大会论文集》的开篇之作。这为他的科技生涯画上了圆满的句号。

艾明2020年3月18日摄于四川崇州元通古镇

戴 虹

哈工大人在四川　HAGONGDA REN ZAI SICHUAN

戴虹，汉族，1982年1月哈尔滨工业大学金属材料及热处理专业本科毕业，1985年6月哈尔滨工业大学焊接专业研究生毕业。现任西南交通大学教授、享受政府特殊津贴专家、国际焊接工程师（IWE）、中国铁道学会委员、《电焊机》编委。先后主持国家创新基金、铁道部青藏铁路焊接等重大科技开发计划项目13项，主持完成产学研科研项目近30项；在国内外核心期刊及学术会议上发表论文共60余篇，主持研发了拥有完全自主知识产权、达到国际先进水平的世界第一台"数控式气压焊轨作业车"；曾获国家科技进步奖1项、省部级科技进步奖及教学成果奖4项、铁道部火车头奖章；获四川省新长征突击手、四川省三八红旗手、四川省优秀教学管理干部等多项荣誉称号。主要研究方向：高速重载铁路无缝线路轨道焊接、城市轨道交通等工程的高效强韧化焊接技术和成套装备研发。

一个都没断，
这是我一生中做得最漂亮的事

——记西南交通大学教授戴虹

1985年6月，戴虹从哈尔滨工业大学焊接专业研究生毕业后回到四川，在西南交通大学任教。一次偶然机会，戴虹接到一个小课题，帮助成都铁路局做改造进口焊机的分析工作。她发现，原来国内焊轨厂的钢轨焊接设备全由国外引进，国内的技术和设备十分落后。"进口设备在实际运用中存在不少问题，而外国厂商派人来调试工艺后就会离开，无法给予随时的技术支撑，需要我们自己不断改进、调试参数。"戴虹说，"我们做焊接的如果在这方面使不上劲，老是受制于老外的技术，怎么能行？""交大焊接学科和教师应该担当起这样的责任！"戴虹以带头人的身份，确定了以"轨道焊接"为主攻方向，带领团队历时4年，完成了K190nk钢轨焊机国产化控制系统研制。随后，其团队开始研制闪光焊机的整机，最后在2004年生产出性能可媲美进口闪光焊机的国产整机。

突破技术限制

"刚开始从事钢轨焊接研究时，所有设备都由国外引进，虽然当时质量不错，但是应用区域非常有限，并不适合中国国情。而在这个领域，中国当时完全没有实现自主，这对我产生了极大的刺激。"戴虹说。改造进口焊机的分析工作让戴虹意识到"引进国外轨道焊接设备太贵了，是天价！作为中国焊接工作者，应该打破这种国际垄断格局"。从学习借鉴到自主创新是一个本质的改变，完成蜕变的每一步都异常艰辛。为了获得最真实有效的实验数据，她投身到真实的苛刻环境中去，凭着不输男儿的吃苦精神和不懈的努力，最终获得具有可参考性的一手数据，为后期设备研发与改进提供了支撑。从1989年开始，几乎每个春节期间她都泡在成都焊轨厂做实验。她利用焊轨厂春节休假时开始试验，如她自嘲的"苦行僧"一样，一点一滴地，日复一日，年复一年，从两万的小项目，到十万，再到百万，不断消化国外设备的核心技术，最终研发出符合中国国情的焊轨设备。完成如此艰巨的任务，戴虹说："多年来，很多人以为我是男同志，一看到我是女性都很惊讶！"

世界上第一台"数控式气压焊轨车"的诞生和她的坚持不懈、几十年如一日的埋头苦干的精神是无法分割的。最终，长年奔波于实验场地的戴虹用已经在平原和世界屋脊（青藏铁路3 000～5 072米海拔的格拉段）地区完成的轨道工程来向整个技术领域传达——现在已经成功解决了我国高原高寒地区现场焊接钢轨涨缩轨、阻力大、焊接质量波动存在安全隐患等诸多技术难题，克服了高原缺氧、人机效能差等困难，填补了线路换铺工程焊接技术和装备的空白。

严苛的工作环境，全新的技术钻研与运用……克服重重困难的戴虹最终用青藏高原上1 100多千米的"钢铁长虹"——青藏铁路格尔木到拉萨段在2016年9月12日换铺无缝线路全线的贯通来交付满意答卷，平均海拔超过3 000米的青藏铁路，气压焊机对国产钢轨换铺有很强的适应性，焊接接头比钢轨母体还结实，真正实现了"千里青藏一根轨"，而这条承载着戴虹及诸多研究人员、工程人员心血的轨道也开拓了国内技术突破新的篇章。被誉为"东北最美高铁"的长珲城际铁路采用新型焊轨设备维修施工，也在2015年9月20日正式投入运营，西煤东运第二大通道朔黄铁路的重载线路采用气压焊轨车维修施工也取得了显著成果。

戴虹长期带领研发团队坚持深入高原、高寒、重载铁路无缝线路焊轨施工现场，针对现场焊轨工程国内外长期未解决的带应力焊接技术难题，瞄准国际先进的焊接技术装备优质、高效、环保的钢轨焊接技术与成套装备目标，借鉴世界轨道焊接成功技术经验，利用化学能焊接技术解决高原缺氧难题，实现了碳排放量最少、绿色环保焊接；在同一工位、在带应力状态下实现拉轨、焊接、保压推凸、焊后保压热处理连续作业，其焊接质量十分稳定，现场焊轨环境适应性强。

每一寸的轨道，都是戴虹及其团队心血与汗水的见证。身患高血压的戴虹在近6年中多次冒险到达海拔3 000～5 000米的高原焊轨现场，虽然三次在高原上晕倒，但依旧义无反顾。"钢轨焊接的接头可能关系到数千个生命，我必须亲临现场，因为第一线随时可能发生实验室中意想不到的情况。哪怕我无法上手亲自去实施焊接，但我在现场也能用我的知识和经验，尽可能地去应对出现的各种紧急情况。"戴虹动情地说。《光明日报》将戴虹称为"开在雪域高原的格桑花"。

平均海拔4 500米以上的青藏高原上的传奇——青藏铁路格尔木至拉萨段换铺无缝线路全线贯通，创造了高原铁路轨道结构无缝化和重型化改造的全新局面，不仅全面改善了高原铁路轨道结构，还进一步提升了列车运行品质。戴虹带领的科研团队与中国铁建高新装备公司共同研制的、青藏铁路公司组织施工的"数控式气压焊轨车"功不可没。

青藏铁路格尔木至拉萨段开通运营后，青藏铁路公司在多方的支持和配合下，积极开展高原铁路特别是冻土区段无缝线路研究和试验工作，解决了无缝线路稳定性及高原钢轨焊接等多项难题，在2010年换铺60 kg/m无缝线路实验取得成功后，最终安全、优质、高效地完成了全线1 111千米换铺60 kg/m无缝线路的任务。

焊接、焊后热处理一机化数控作业技术、设备结构和工艺的自主创新，逐步研发成功并形成了世界唯一能够带应力焊轨作业的工艺和装备，满足了世界屋脊铁路"千里青藏一根轨"无缝化提速、高速铁路高品质焊复、朔黄重载线路焊复等重大工程需求，从源头上可靠地解决了消除工地钢轨焊接缺陷对线路安全带来危害的难题。这一成果具有完全自主知识产权，达到国际领先水平。

青藏高铁格拉段换轨工程应用高原型"数控式气压焊轨车"，成功换铺了海拔4 913米、全长1 338米的世界铁路最高隧道——风火山隧道线路，成功换铺了海拔5 072米、世界铁路海拔最高车站——唐古拉车站线路，创造了一日换铺高原冻土区无缝线路4千米的施工进度纪录，成功换铺了非冻土区591千米、多年冻土区520千米无缝线路，完成大小桥梁677座、隧道26座无缝线路换铺等多项重点、难点施工任务。

在青藏铁路那曲线上焊接作业

"使用气压焊轨车不仅大大减少了人力资源的浪费,更实现了焊接品质由电脑控制,解决了不同海拔高度下焊轨品质的控制问题。"戴虹高兴地说道。同时,团队成员7年间在青藏高原克服高原缺氧、气候多变等困难,不断研发攻关,开展技术服务,解决了许多施工关键问题,为青藏铁路公司培养了一支精干有力的焊轨技术团队,中国铁路总公司运输局特发电对西南交大科研团队的付出予以表彰。

"一个都没断,这是我一生中做得最漂亮的事!"

戴虹说,她与青藏铁路有着很深的缘分。

"青藏铁路无缝线路关键技术研究"——"无缝线路试验段现场钢轨闪光焊与数控气压焊工艺对比试验研究"科技攻关子项目必须到现场进行焊接试验,所以2003年,戴虹带着团队来到了青藏高原。

YHGQ-1200移动式气压焊轨车

48岁的戴虹，带着年轻教师和研究生组成的团队第一次奔赴青藏高原。两年多时间，戴虹带领团队多次前往施工现场，完成了试验段的现场焊轨工作。而作为团队中唯一的女性，不仅在日常生活上，更是在体能上，都面临着不小的挑战。

2010年8月，她和团队再次来到青藏线，这一次，他们将参与的是青藏铁路换轨工程。团队在南山口开始了整车调试、工艺调试和型式试验，随后又在海拔4 611米的不冻泉车站进行试焊。按照铁路标准要求，焊头质量检验最难通过、要求最严苛的是连续15个焊头落锤不断的性能检验，必须合格，方能上线施工。"在这项换轨工程中，全线2 686个焊头4~9年在线服役，至今多次探伤均为合格，合格率达到100%，确保了行车安全。能够在青藏铁路这条天路上贡献西南交大人的智慧，我感到无比荣幸！""我们所焊的焊头都是一次性通过检验。一个都没断，这是我一生中做得最漂亮的事！"说到这儿，戴虹像个孩子般笑了。

创新永无止境

"青藏线是一个国家重点工程，其中存在的技术难题当时没有人能攻克。我们的课题组也正好接了这个工程。摸清这个应用学科的特点就需要亲临现场。不到第一线，就不能深刻明白一线需要什么，一线的情况怎么样。现场和实验室是两码事，况且是青藏高原这种独特的高寒环境，几乎找不到第二个实验场地。我们也很珍惜这次机会，很认真地对待青藏线这一工程。我身为女同志，喜欢深究细节，从细节中发现共性、发现突破点，最后攻克了难题，交上了一份满意的答卷。"

为了解决无缝线路换铺工程和线路伤损维修焊复工程中存在的带应力锁

技术人员进行轨道焊接

定焊接这个世界性技术难题，2013年，已经58岁的戴虹来到海拔4 646米的那曲，探索采用气压焊轨车进行线上焊的施工组织方案，一待就是21天，最终攻克该世界性难题。

目前工地施工焊接接头能与母体媲美成为技术革命性进步的标志，成套装备填补了工地高品质焊轨的空白。经过在全路尤其是青藏铁路格拉段、拉日铁路现场作业近十年，我国各铁路局高速、提速线路的换铺与焊复维修以及重载铁路维修都取得了焊接品质稳定、焊轨作业效率高、环境适应性好、环保绿色的骄人成绩，成为保障我国铁路安全运营的技术进步风向标，可为保障焊轨工程的可靠性和可行性、解决川藏铁路焊轨难题提供成功经验，对于推动我国轨道交通领域的轨道焊接技术和装备技术迈入新时代具有重要价值。

如今，戴虹已经着眼于世界，不仅要把技术做好，创新不断，还要把该项成果推广好，保持在该领域的世界领先水平，打造中国品牌。她将钢轨焊接这项工作视为自己毕生的事业，希望用自己的经验为后人的创新发展奠定基础。她希望在不久的未来，钢轨焊接技术能够达到完全自动化、智能化和信息化的理想状态。

临近退休，她依旧踏踏实实、一步一步地做着科学研究，瞄准高铁线路和重载线路建设与维修工程的焊轨技术难题全力开展攻关工作。

"我有一个彩虹群"

"我有一个彩虹群，"戴虹说到这个的时候，带着无比的满足与自豪，"大概有六七十个人，全部都是我的学生，这是他们自发建的，当初说要给我过生日，建立起来的群。"这时候的戴虹除了科研工作者的角色，还是一位备受学生们敬爱的老师。笔者收集整理这些资料的时候，正值教师节。师者传道授业解惑，戴虹不仅仅传授知识，还在生活和精神上关注学生，她讲述了一个多年前的小故事："当时有一个东北的学生，大男孩，到了南方，在生活上无法适应，无奈之下决定退学了。我一听，这怎么行，这退学就耽误了，于是帮他联系东北的高校，看看能不能转到和西南交大同样或稍微低一点的好学校。后来多方联系后，学生顺利转回了东北，当时那男孩的家长特别感谢我。毕竟退学是关系到学生一辈子的事。"遇到真正把学生放在心上的老师，对学生而言是何其幸运。所以恰逢老师生日，学生们一呼百应，自发建立了专属戴虹的"彩虹群"，跨越很多届的学生们聚集在一起，分散在祖国和世界各地的学生们，为了同一个爱戴的老师而聚集在一起。

在教学时，在安全允许的情况下，戴虹常带着学生到工程现场做试验，根据复杂的工程问题学习钻研、锻炼成长。即使再累，戴虹也会亲自指导所带的每个学生的论文和毕业设计。

在学生的生活、学习上，她也有自己的看法和见解。她会去发现每个学生身上的美。"不同的人有着不同的美,不同人对美的标准不同。比如说女孩子,有的女生侧重外在美,漂亮又睿智,回头率就比较高。有的女生样貌朴素,学习踏实,心地善良,同学们都喜欢她。做事严谨认真是一种美,性格开朗活泼也是一种美。每个女生都有美的一面,每个女生都应该承认自己的美,发扬自己的美。"

戴虹寄语所有在校学生:"第一,一定要珍惜这一段最美好的时光。第二,努力地学习,并且做到活学活用,把知识从书本运用到实践中去。第三,锻炼好身体,身体是一切的基础。第四,在学习功课的同时,丰富自己的校园生活,增加自己的阅历,发挥自己的睿智,然后准确地判断,捕捉新的东西。另外,要坚守内心追求的目标,一定要坚守,不为其他动摇。而且不论生活学习,都要追求极致,追求完美,都要做到孜孜不倦,奋斗不止。坚守自己的目标,去付出更多来达到自己的要求。在这个坚守的过程中,你的闪光点就在一点点地,从微弱的星光变成跳动的火苗,最后变成闪闪发亮的金子。"

"铿锵玫瑰"——四川省三八红旗手

作为一名女教授,戴虹长期坚持深入生产一线,致力于轨道交通焊接高效强韧化焊接技术及先进装备的引进、消化吸收和自主创新开发研究及成果推广应用,并荣获四川省三八红旗手。

她先后主持国家创新基金、铁道部青藏铁路钢轨焊接等重大项目多项,授权发明和实用新型专利10余项,发表论文60余篇;获国家科技进步奖1项,省部级科技进步奖和教学成果奖共4项,其他荣誉奖多项。尤其突出的是她所主持的铁道部重大创新项目"数控式气压焊轨作业车",已成为世界上第一台现代化焊轨装备,拥有完全自主知识产权,为我国高铁、货运专线、城

戴虹接受表彰

市地铁、既有线等轨道交通工程建设事业做出了突出贡献。而她身上能吃苦、好钻研的优秀特质一直熠熠生辉。

"哈工大的校训，我是做到了"

走出家乡，奔赴北地求学，开启大学生活，这也注定是影响戴虹的认知和处事风格的转折点。与江南地域的精巧雅致不同，北国冰城的坦诚率真和文化交融让城市呈现出别样风情。哈工大作为哈尔滨的城市瑰宝，其"规格严格，功夫到家"的校训，影响着一代又一代哈工大人。得遇可以上大学的机会，戴虹说："我们当时都特别珍惜念书的机会，恨不得把图书馆的书都看了，专业书一借就是一大摞，潜心钻研，甚至可能在某个点上面，可以和老师们比肩讨论。"

"当时班上有个女同学，早上两点就起来看书了。因为在北方，冬天夜里下大雪，很早外面就白茫茫一片了，显得特别亮。她以为天亮了，就起了大早到教室看书，结果过了好久都没有同学到教室。"戴虹笑着说，"这就是我们当时那些学生的学习状态。"后来戴虹到了青藏高原上,也一直秉持着这种刻苦努力的态度和精神,和团队一起解决一个又一个问题。"'规格严格,功夫到家',我觉得我做到了。"

1985年7月至今,戴虹一直致力于轨道交通工程领域的材料加工关键技术与装备开发,尤其在钢轨闪光焊、钢轨气压焊等优质高效焊接技术,质量控制及配套装备开发的自主创新工作方面有较深造诣,曾主持国家、省部委科技攻关项目多项,为青藏高原"千里铁路一根轨"提供了适用现场焊接的焊接、焊后热处理一机化施工工法,以及稳定满足钢轨焊接标准质量要求的数控式焊轨机,获国家、省部级科技进步奖多项,获发明专利11项。

一个合格的哈工大人,一名严谨刻苦的科研工作者,一位新时代的女性,一名受学生爱戴的老师,戴虹的每一个身份都让后辈有很多借鉴学习的地方。

笔落春秋过往,叹息岁月,感触良多,情味不衰。像戴红一样彼时背着行囊到北国求学的学子,现已在祖国各地,或者世界各地散发着光和热。时值哈工大百年诞辰之际,记校友往昔今朝,将曾经的莘莘学子与母校联结,与国家时代的发展紧密相连。

(邓京撰稿)

哈工大人在四川　王　洪
HAGONGDA REN ZAI SICHUAN

HARBIN INSTITUTE OF TECHNOLOGY

　　王洪，1959年1月生于重庆市。1982年2月毕业于哈尔滨建筑工程学院（现哈尔滨工业大学）给水排水专业。现任四川国恒建筑设计有限公司总工程师、四川省建筑给排水学会常务委员、四川省海绵城市建设学会常务委员。王洪大学毕业后一直从事民用建筑给排水设计、研究和技术质量管控工作，其作为设计专业负责人参与的项目多次荣获建设部、四川省、成都市优秀工程项目设计一、二等奖，其中"重庆袁家岗体育中心体育场"项目荣获中国设计人的最高荣誉——国家设计金奖。除项目外，在国家给排水专业公开杂志上发表过9篇专业学术论文，参与约12项四川省地方建设标准及标准图集的编制审查。在社会荣誉方面，自2005年9月起至今连续四次被商务部聘为中国援外工程项目评审专家，2010年12月被四川省建设厅授予"四川省工程设计大师"荣誉称号。

四川省工程设计大师

——记四川国恒建筑设计有限公司总工程师 王 洪

1978年2月,在高考中上了大学录取分数线的王洪,被哈尔滨建筑工程学院(哈尔滨建筑工程学院1958年从哈尔滨工业大学分出独立成校,于2000年重新合并归入哈尔滨工业大学)录取。在那个读书无用论盛行的特殊招生年月,在四川省资中县当知青的王洪既未报考哈尔滨建筑工程学院,也未填报给排水这个专业,甚至连给排水专业是什么专业也不清楚,就糊里糊涂成了哈建工那一届在四川录取的唯一一名学生。在签发录取通知书的同时,来川招生的老师为此还专门给王洪的家长"王师傅"修书一封,恳切谈及"哈尔滨虽冷,但不是想象的那么冷,我相信王洪会服从党的需要、国家的安排去哈尔滨读书"。就这样,王洪意外又非常荣幸地进入了中国给排水专业排名最优的大学——哈尔滨建筑工程学院。

1982年2月,王洪作为哈建工那年唯一毕业分配至四川的学生来到了位于成都的中国建筑西南设计研究院,带着干一行爱一行、做一行就要做好这一行的朴素观念,带着为社会奉献知识、要学有所用的向往,带着力争做一个对社会有用之才的简单思维,师从哈工大1959年毕业的马宗随老师、哈工大1962年毕业的吴杰老师,开始了在设计这个行当的学习与耕耘。

这一干，就是一辈子。从实习生、技术员，一直干到教授级高工。在西南院工作23年后，王洪离开西南院，先后加盟成都基准方中建筑设计事务所和四川国恒建筑设计有限公司继续从事给排水专业技术设计工作。

正是由于挚爱和坚持，正是由于长期的付出、积累和归纳，其参与或主持的众多工程项目不仅获得良好的社会、经济效益，也有超过10个以上的工程设计项目脱颖而出荣获建设部优秀工程项目设计一等奖、二等奖，四川省优秀工程项目设计一等奖、二等奖，其中"重庆袁家岗体育中心体育场"项目荣获中国设计人的最高荣誉——国家设计金奖。根据设计过程中积累的心得、体会、反思与灵感，他先后写出了9篇论文发表在全国性给排水专业刊物上。

正是由于思维深处有哈工大"规格严格，功夫到家"的自我约束，正是由于成果体现在给排水设计的经验、业绩和建树中，王洪为此所付出的精力和努力得到了社会的认可，也获得了一些社会荣誉。例如，从2005年9月起至今连续多次被商务部国际经济技术合作局聘为中国援外工程项目评审专家，2006年6月被四川省招标局聘为四川省建设工程设备评标专家，2010年1月被成都市青羊区委、区政府授予"成都市青羊区第一批有突出贡献享受政府特殊津贴优秀专家"，2010年12月被四川省建设厅授予"四川省工程设计大师"荣誉称号。多次作为审查专家参与四川省10多项地方建设标准的审查，先后3次作为四川省建设厅专家组成员参与抽查、巡查部分地市州的建筑设计质量。连续2届担任四川省建设系统优秀青年工程师评选的评委，连续5届担任四川省优秀工程设计项目评选的评委。

虽然哈建工已经回归哈工大，但不可否认，让王洪从心底认同自己是哈工大校友也是有一个心理过程的。其中真正让他认同这一角色转变的是

2002年春节他回哈尔滨参加哈建工给排水专业77级大学毕业20周年同学聚会。回哈第二天，在哈工大二校区市政与环境学院会议室召开同学座谈会。到会人员除40多名同学外，时任哈工大校长王树国、党委书记李生、校友会常务副主席顾寅生也亲临会场并分别发表热情洋溢的致辞。从这次座谈会可以看出，哈建工并入哈工大后，给排水专业仍然是哈工大最重视的知名品牌专业之一。

回顾王洪自大学毕业参加工作以来走到今天，印在脑海中最多最重要的就是感恩。感恩生长在这个时代，感恩中国共产党的英明领导和党的好政策，感恩学校的精心培养与老师们的细心教诲，感恩所在单位领导的信任和同单位给排水老前辈的无私传技。有那么几件事，无论王洪走到哪里，都会时刻铭记于心，终生难忘。曾记得，教水力学专业基础课的刘鹤年老师眼镜度数高达800度，为了对学生负责，他全然不顾对眼睛的伤害，亲自刻蜡版作图编油印版《水力学》讲义做教材；当77级给排水专业学生学完刘老师的油印版《水力学》三年之后，由刘鹤年老师主编的大学统编教材《水力学》才由人民教育出版社正式出版发行。曾记得，王洪刚分配到西南院工作一年，不幸患上了病毒性角膜炎，在恢复治疗的过程中，需要吃中药调养。其所在给排水组的十位前辈就轮流在自己家里帮忙熬药，熬好之后端到单身宿舍让王洪喝药。曾记得，1987年春节前即将放假之时，刚成为中共预备党员就被派到厦门分院、工作不足半年的王洪接到总院生产室领导电话，要求其立即移交分院工作、退掉预计回返老家陪父母过年的飞机票，马上返回西南院领受新设计任务。回到单位，他才知道是西南院新承接了当时中国投入金额最高的援外工程——扎伊尔共和国（现为刚果民主共和国）8万座的体育场项目的设计任务。该项目比北京8万座的工人体育场的规模更大、设施更现代。生产室领导为培养年轻人，加快年轻骨干成长，就安排王洪这个只参与过厦门2万座的体育场建设的助工担任给排水专业负责人；面对其他专业负责人均是西南院有丰富体育场馆设计经验的高工，王洪确实是受宠若惊，心里七上八下的。在这个时候，生产室领导和给排水组的多位前辈均表示会无条件帮助和全力支持他。正是在给排水前辈无条件帮助支持以及多位年轻员工的大力协助参与下，该项工程方能顺利实施，王洪也随后受派去现场配合施工单位工作两年，圆满完成了该援外项目，增加了受援国对中国的好感，促进了中非友谊。曾记得，王洪是恢复高考毕业大学生中首批工作刚满五年（1987年）在单位就晋升工程师的设计人，是首批工作刚满十年（1992年）在单位就晋升高级工程师的设计人，是单位在恢复高考后的大学生中首批（1996年）选拔晋级成为单位中级职称评审委员会委员的设计人。

回顾从事给排水专业设计以来所走过的历程，王洪深刻认识到，要做好工程设计，既需要有较强的专业基本功，也需要树立严肃、严谨、严格的从业心态，要成为一名优秀的设计人员，这是必须坚持培养的素质。举一个例子，在2010年左右，成都市高新区一商业面积超过15万平方米的大型综合体进行开业前装修和设备调试，发现地下室冷却循环泵房发出的低频振动造成了建筑物室内底层平面的盛水容器出现水波纹。发现此问题后，王洪以多年的工程经验感觉此振动影响范围过大，肯定不会是简单的冷却循环泵减振措施不到位，也就没有同意给排水专业设计负责人增添冷却循环泵隔振措施的要求，而是在反复核实设计参数与具体到货设备参数均为正常的前提下，多次带队深入现场对照冷却循环系统运行状态，与设计、施工安装、相关设备供货商、开发单位一起查找问题源头，分析问题原因，最后，以运行状态及效果为根据，以水泵、管道、冷却塔的工作原理及变量影响参数变化结果为推论，明确了此问题本质在于冷却塔供货商以小设备冒充大设备供货。该冷却塔供货商自以为设计是按最热极端天气和商场顾客满员确定冷却塔冷却循环水量，自以为以小充大供货对舒适性空调温度略高于设计规定值不会造成重大负面后果，自以为按这种方法牟利既简单又不易被人发现，即使发现也不会有重大危害，自以为按"偷腥"方式瞒天过海平白无故可以多赚几百万人民币，殊不知法网恢恢疏而不漏，在铁证面前，该冷却塔供货商只能认栽。王洪作为该工程项目的给排水专科"医生"，不仅找出了"病根"，而且还开出了"药方"，向冷却塔供货商、施工安装方提出了若干条切实可行的具体整改补救措施，保证了该大型综合体的按时开业和夏季室内集中空调运行效果。这是王洪设计职业生涯中遇到的若干工程现场问题事例之一。由此可以看出，给排水设计人员虽然不需要科研攻关、发明创造，换句话说，设计人员虽然不会研发设备产品，不会生产设备产品，也不会操作安装设备产品，但设计师不仅是一名应用型工程师，还应该是一名"搭积木"高手，应当成为一名能发现工程项目关键问题根源并提供解决问题之道的"师傅"。他必须通过自己对规范的熟悉、对设备材料的熟悉、对施工顺序的熟悉、对用户需求用途的熟悉，运用自身类似项目的成败经验教训，加上自身对具体工程项目的深刻理解，用"设计图"这一特殊表现手法，为用户创造一个理想的"家"。这样才可以无愧于"注册设备工程师"这一称号。

回看从事给排水专业设计以来的经历，王洪有一个重要的体会，那就是如要体现设计人的设计能力，其一个重要方面就是要当好科研成果与实际应用的"红娘"，成为将科研成果转化为实际、使之服务于社会的推手。

举一个例子,在 2008 年左右,某设计人在成都市双流区一大型住宅小区项目中,对生活给水加压采用了叠压供水系统,作为项目设计最终审定人的王洪询问设计人为什么要在本项目中采用叠压供水系统,设计人的回答

工作中的王洪

是听说别的项目有这么用的,DWG 图纸文件是从别人那里拷贝来的,只是根据本项目的内容修正了水量水压数据,至于其他为什么,不懂也不了解。鉴于此,王洪在肯定设计人乐于接受新技术的同时,明确告知设计人,叠压供水系统是随时间推移会获得广泛推广应用的新设备,它具有紧凑、避免二次污染、可充分利用市政水压并节能的优点;但它牺牲了规范规定的用户用水调节容积,自来水管网一旦断管出现事故,停水区居民就无水煮饭无水冲厕,让众多自来水公司不能接受。所以,叠压供水系统只能用于至少具有两个水源、自来水环状管网系统完备、市政供水压力较高的工程项目。该住宅小区项目后来因得到双流县自来水公司批准,并由设计人

完善相关条件、相关措施后得到了应用。王洪通过此例想明确一个观点，设计人员敢于在工程项目中应用新技术、新工艺、新材料、新设备，是好事，但是必须考虑到某些新技术、新工艺、新材料、新设备仍有缺陷、不足以及适应范围有限，甚至需要在具体项目应用中不断改进、充实、完善。工程设计不是实验室，不允许不合格设计盖章签字出图，不允许在项目实施过程中发现重大漏洞推倒重来。设计人在主动、积极采用新技术、新工艺、新材料、新设备的同时，一定要完全弄清楚该新技术、新工艺、新材料、新设备的性能参数、技术特点与要点、适用范围与条件，处理好突破技术规范后的补偿完善措施，否则就可能好心不能成就好事。

回顾王洪从入大学校门学给排水专业以来所走过的路程，他自我剖析道："虽无愧于学校的培养与老师们的教诲，但做出的成绩在本届同学中并不算突出。尽管年龄已经不小，本着活到老学到老的理念，仍需在专业上继续努力，遵循孙中山先生所倡导的'革命尚未成功，同志仍须努力'之精神。"经过连续近40年坚守在本专业学习、进步、提高，王洪对人生最大的几点个人感受是：（1）你如果想获得别人的尊敬，就一定要把该做的事情做好，做到位，让别人发自内心认同你的为人和做事风格，从而尊敬你。（2）一个人要做好一件事情，一定要抱有一颗善良且负有社会责任感、正义感的心，一定要有做好事情的信心，要有不畏艰辛的恒心，不为短期利益和近期潮流所困扰。（3）设计行业是技术型服务行业，设计人必须要与时俱进、不断强化自身功底和能力；做设计就是要有想法，设计人要有自豪感、成就感和荣誉感，这是做好设计的基础。（4）这个社会讲关系，最好的关系就是做好自己，让别人觉得你是一个能为社会做贡献的人，是一个能为他人带来价值的人。

哈工大人在四川

罗光学
HAGONGDA REN ZAI SICHUAN

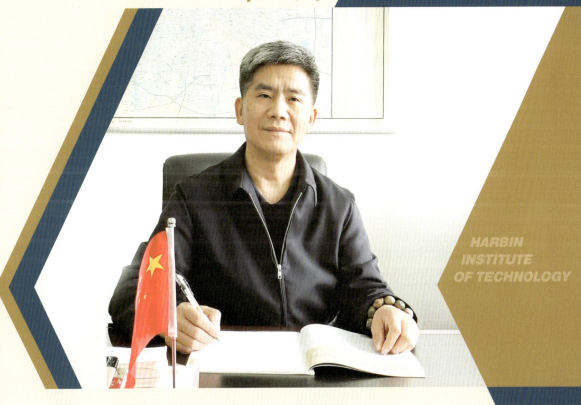

HARBIN
INSTITUTE
OF TECHNOLOGY

  罗光学，1959年11月出生于四川省蓬溪县，1982年7月毕业于哈尔滨工业大学液压技术专业。1982年8月分配至航天部国营烽火机械厂工作，先后担任技术员、设计员、设计组组长、总工程师助理，1993年任副总工程师，1996年任总工程师，2002年任厂长。2006年调任航天七院研发中心（后改为七部）任主任兼党委书记，2008年任院科技委副主任，现已退休。长期参与航天重点工程项目，在战略项目研制生产、卫星发射、载人航天、战术产品研发等方面做出了一定的贡献。1995年被评聘为研究员，获政府津贴及多项奖励。

献身航天　共铸大国神剑

——记7825班罗光学

1982年夏秋之交，坐落在四川大巴山区的某三线航天工厂起了小小的波澜——这一段时间工厂陆续分来了11名大学毕业生。这可是这个拥有3 000多名职工、建厂十几年的工厂第一次分来这么多大学应届毕业生，各种新鲜、各种期待自是不少。

这11名毕业生中有9名来自哈工大。几十年来，他们为航天事业的发展、为国家的经济建设做出了应有的贡献。因各种原因和机缘当年9名哈工大人目前只有4人留了下来，其中2人已退休，还有2人仍在继续为航天事业服务。

四川航天技术研究院罗光学便是其中的一员。1982年7月他以优异的成绩毕业于哈工大液压与气动技术专业，被分配到了这个工厂，从此开始了几十年为航天事业奋斗的生涯。

一、扎根"三线"，刻苦钻研，为国铸剑

那一年，他背着行李几经辗转来到了工厂。工厂建在一条看不到山顶的狭窄山沟里，中间一条乱石林立的小河沟，枯水季节只有涓涓细流在流淌，甚至有些河段水都从沙石下面浸走了，上面见不到水；夏秋时节便时常会山

洪暴发，大水卷着红色的泥沙汹涌澎湃，奔流而下。工厂按功能和地形结构分成几个区域依山而建，一条约3千米长的水泥公路将生活区、维护保障区、配套专业区和主制车间串联在一起。生活区外面紧邻一个场镇，约4千米外有一个从北京、武汉、重庆来的特快列车都会停3~5分钟的火车站，据说是专门为三线建的铁路和车站，厂里有专门的客车接送，当地人也可以搭乘，这是工厂职工心中一直的骄傲。

罗光学被分到了工厂最深处的一个元部件车间担任伺服阀工艺员。当时他心中有一丝凄凉，因为这里几乎与世隔绝，同时也有些兴奋和期待，因为这里有他熟悉并喜欢的专业。一直以来，他在心中都有一个科技强国的梦想，这里可能有他实现抱负的空间。

带罗光学的师傅是20世纪60年代毕业于重庆大学的技术主任。在他和北京设计院专家胡荷地（1961年毕业于哈工大）及工人师傅的指导帮助下，罗光学很快熟悉了工厂正在研制产品的结构原理、制造工艺、工装设备、检测调试仪器仪表等等。

不久，航天系统的伺服阀比赛在工厂举行，也就是当时七机部从事伺服阀研制生产的几个专业厂所的产品性能的全面PK。举办此次比赛的原因估计是几家工厂谁也不服谁。比赛选在这里一是因为该厂在产品设计和制造方面是行业"老大"，二是因为工厂拥有全国最完善的环境试验设备。来自北京、上海、南京和该厂的团队及产品参加了比赛。罗光学作为主办方工艺代表之一参加了历时两个月的比赛活动，全程为产品各项性能试验服务，编制了全部试验工艺和返修工艺。最终该厂研制的两款八台产品全部获得第一名，这在罗光学心中产生了一丝自豪感，因为这些产品是他编制工艺并跟班调试出来的。通过这次比赛他增强了信心，也首次熟悉了产品试验全过程，开拓了眼界。后来与哈工大校友李占文分管的某产品配套获得了部优质产品奖和国家银质奖,这对全厂是一个很大的激励。

第二年,工厂迎来了产品设计、工艺定型及首次批生产任务。罗光学全面清理了过去的试制工艺,重新梳理了工艺流程,对不合理、不科学的工艺方法、工艺参数进行了改进,对不清楚、不准确的地方进行了完善,对难于理解的地方补充了示意图、线路图及注释、操作说明等。工人师傅都说罗光学编制的工艺文件清晰明了、一目了然,不会出错。同时,罗光学还把自己掌握的产品理论知识、试验原理和目的用浅显的语言与工人师傅交流,使他们更加清楚哪些是关键环节和关键要素,大大降低了出错率,提高了工效。

后来他担任了工厂的产品设计员、设计组长、总师助理、副总师,1996年担任总工程师。其间有几件事可以一提:

1988—1989年他和哈工大校友曾方和、李占文、万国左等一起设计开发了某洗衣机壳体自动成型生产线,曾方和任总技术负责人、罗光学承担生产线总体设计和两个主要工位的分系统设计。在那个夏天,他们顶着酷热、忍受着蚊叮虫咬,经常通宵达旦地在厂房设计、绘图,热得难受了、困了就在水龙头下冲个凉清醒清醒,饿了就买点小食品,厂房时常传出他们的夜半歌声。虽然辛苦,但却快乐。只用了两个多月时间,他们就完成了全部设计。由于考虑周到细致,他设计的装备顺利调试成功,为工厂赢得几百万元收入,为他积累了较为丰富的工程经验。

90年代初,国家开始实施载人航天的"921"工程,为了提高运载火箭飞行的安全性和可靠性,北京设计院设计了方案先进的多余度伺服机构。但由于结构十分复杂,当时国内工艺水平难以达到技术要求,在国内几家单位辗转一年多都无人承接。他和哈工大老专家胡荷地合作,由胡荷地分析计算、罗光学具体设计、哈工大新入职大学生赵红制图,十天之内设计出了一款三余度伺服阀。之后他又亲自编制了全部详细的制造工艺、装配调试及试验工艺,设计了全部加工工装、夹具、装调测试及试验装置，同时加班加点全程跟随配合和指导加工及装调过程，短短三个月便研制出了一组十套合格的产品。整个过程虽然十分艰苦，但没有出现一处设计更改，没有一个零件超差返工，一气呵成。同行都知道，伺服阀是飞行控制系统执行机构中最为复杂的核心部件，性能要求极高，制造难度最大，能够一次成功，主要还是得益于事先吃透技术、思考周到细致。当时既要考虑设计出来，更要考虑如何加工制造、如何装配调试、如何检测试验，需要什么设备、什么工装夹具、什么仪器仪表，用什么方法去实现，等等。三余度伺服阀的研制成功解了"921"工程的燃眉之急，二十多年来该产品及其设计方案一直用在载人航天运载火箭上，实现了飞行任务零故障。

在十多年的工艺和设计岗位上，罗光学一直以周总理"严肃认真、周到细致、稳妥可靠、万无一失"的精神要求自己，凡事讲求"严、慎、细、实"，谦虚谨慎、脚踏实地，为长征系列火箭伺服机构、战略战术型号解决和攻克了诸多难题。担任总工程师后，他仍然经常待在车间，深入一线解决协调研制和生产中的具体技术问题，确保了多个批次型号产品的优质交付，也提升了工厂的质量管理水平。

国家和单位没有埋没年轻一代科技工作者的成绩和功劳，给予了他包括政府特殊津贴在内的诸多奖励。1992年他被破格评为工厂唯一的"小高工"，1995年他被评为研究员（是工厂第四位研究员，也是第一位年轻的研究员）。

二、卧薪尝胆，勇于担当，为企业生存而战

2002年，罗光学担任了国营烽火机械厂（又称7111厂）厂长。20世纪90年代由于自筹资金将工厂从山沟搬迁到成都，加之负担太重、经营成本过高，工厂欠下了数亿元的巨额债务，早已资不抵债。那一年国家对军工企业

进行大的调整改革,要求军工企业"分离改制""破产改制"或"关停并转",该厂被划入"破产改制"之列。那几年国企破产、职工纷纷下岗,社会反响很大。他知道破产对于这个刚刚走出山沟的工厂和职工意味着灭顶之灾,人心将溃散、技术力量将大量流失,国家重点型号产品将无法交付,最终将被踢出航天系统。在社会经济还不发达的当时,职工将情无所寄、心无所依、业无所就。这样如何对得起这群为航天事业献青春、献终生、献子孙的"三献(线)"职工,如何对得起国防建设的期待呢?在此情况下,罗光学坚定了自己的目标。他和同事们一道发扬"特别能战斗、特别能攻关、特别能吃苦、特别能奉献"的航天三线精神。一方面组织人员有条不紊、慢慢地编制着上级需要的破产改制方案;一方面抓紧统一思想、凝聚人心,大力提升管理水平,推行6S管理、精细化管理、质量管理等管理工程,加强技术攻关、确保型号产品按期优质交付、努力拓展市场、提高服务水平,等等。通过一系列措施,两年时间偿还了1亿多元搬迁工程款、产品材料款,兑现了几千万过去给职工打的白条,实现了1个多亿的债务重组,资产负债率从上任时的118%下降到38%,收入翻了一番。同时工厂到处窗明几净,一切物品整齐有序,生产现场繁忙不乱,职工的思想和精神面貌焕然一新。一位从事对外卫星发射服务的北京老专家听说后专程赶来现场参观考察,然后说道:"没想到7111厂现在这么漂亮,简直像国外的企业一样了,让北京的企业好好来学习一下人家。"不久后,航天科技集团全面推行6S管理,工厂应邀派出了工作组到集团内有关企业和科工集团进行交流推广。2005年4月,张庆伟总经理带队来厂参观调研后大加赞赏,并当场宣布"代表党组决定7111厂不再破产了"。罗光学和许多同志当场流下了酸楚的热泪,他们多年的爱厂如家、卧薪尝胆、负重前行、锐意进取,不知挨了多少骂、受了多少委屈,不知牺牲和付出了多少,今天终于得到了认可,扭转了工厂破产的命运,为今后健康发展打下了坚实基础。

他没有辜负上级的重托，也无愧于全厂职工的期盼。

三、悉心指导，严格把关，助力四川航天创新发展

后来罗光学先后担任了四川航天技术研究院研发中心（总体设计部）主任、院科技委副主任，组织和参与了火箭弹系列产品的设计开发与研制，指导了许多科研项目的申报和实施，为院里的型号科研、技术攻关和产品质量发挥了很好的咨询把关作用，为四川航天的创新发展贡献了重要的力量。同时他还被聘为集团公司和四川省科技系统专家组成员。

几十年过去了，当年一起来到三线的哈工大同学大多数已经放下了技术，或是下海经商，或是改行从政，而罗光学无论是在技术还是经营管理岗位，始终不愿丢掉好不容易从学校和工厂学来的知识和技术。他担任总工程师时，还自己进行产品的三维设计，建立复杂的控制系统数学模型，用计算器求解高阶方程。60岁了还经常设计三维模型，购置了家用3D打印机，打印出了许多自己喜欢的物件。

近年来，闲暇之余，罗光学学习了二胡演奏，这是他孩童时代的爱好。他保持着一种技术人员周到细致、追求完美、学艺必精的特质，利用业余时间刻苦练习，拉好每一个音符，并不断挑战自我，参加了业余二胡十级考试，获得优秀；参加了三次省市主办的全国二胡比赛，全部获业余老年组三等奖。

光阴荏苒，日月如梭，转眼已是白头翁。青山常在人已老，江水长流万木兴。都江堰清澈的河水依然奔流不息，灌溉着广袤的成都平原，孕育着一代代四川人，也为四川的航天人提供了良好的工作和生活环境，这预示着我们的事业将永盛不衰。回首往事，近40年来罗光学和航天战线的同事们一道，共同铸就了我们的大国神剑。四川的哈工大人和全国人民一道推动着我国经济建设的巨轮不断前行，践行了科技兴国理想，实现着航天强国的梦想，他

们无愧于时代、无愧于学校的培养。

再起航

我们怀着理想，
承载着父辈的希望，
跨入了学校神圣的殿堂。
大楂子高粱米干涩难咽，
我们却吸收了知识的营养。
窗寒灯暗，远离家乡，
我们却收获了友谊和阳光。
啊，亲爱的工大，启迪智慧的地方！
啊，敬爱的老师，终生难忘的脸庞！

我们满怀激情，
肩负着强国的梦想，
踏上了建设祖国的战场。
勤学习善思考不畏困难，
我们在奋斗中勇于担当。
"规格严格，功夫到家"，
我们无愧于学校的培养。
啊，亲爱的工大，情系梦萦的地方！
啊，亲爱的同学，明天我们再起航！

此诗是罗光学、胡传森为哈工大77、78级同学40年聚会而作，已录入40年聚会文集——《永恒的哈工大记忆》。

哈工大人在四川 李占文
HAGONGDA REN ZAI SICHUAN

  李占文，毕业于哈尔滨工业大学液压技术专业，工学学士学位，重庆大学工程硕士；1983年进入原航天工业部7111厂工作。1997年任中国航天工业总公司062基地副主任；2008年任中国航天科技集团公司四川航天技术研究院党委书记、副院长；2018年任中国航天科技集团公司四川航天技术研究院院长、党委副书记，四川航天工业集团有限公司董事长。现为四川省第十三届人大常委会常委。先后获得国务院政府特殊津贴、中国航天基金奖、国防科技进步奖特等奖、四川省劳动模范、航天科技集团公司"2518"核心人才工程优秀高级管理人员等荣誉称号。

为国铸剑航天情

—— 记四川航天技术研究院院长、党委副书记 **李占文**

2016年12月20日,中共中央总书记、国家主席、中央军委主席习近平在北京人民大会堂会见"天宫二号"和"神舟十一号"载人飞行任务航天员及参研参试人员代表。李占文作为四川航天研制队伍的代表,光荣地受到了习总书记的接见。

结缘工大,立志报国

40余年前,党的十一届三中全会胜利召开,迎来了科学的春天,开启了我国改革开放和社会主义现代化建设的伟大征程。1979年初,当春色弥漫大江南北时,怀揣工业报国、科技兴业梦想的李占文,考入军工名校哈工大,开始了如饥似渴的学习生涯。

处于北国冰城的哈工大以实力和地位驰名于工科领域,其治学严谨、学风浓郁。初入校园已是40年前的事情了,每每想起却依然让他倍感亲切,图书馆里满座的同学们,三大楼浓郁的俄式风格建筑,主楼后院的紫丁香花……一切都历历在目。宝贵的大学生涯,是人生成长的重要阶梯,这里培养了他勤勉务实的学习、工作风格,确立了拼搏奋斗、经世致用的世界观、人生观、价值观,坚定了报效祖国的拳拳之心。

母校每年都会承接大量的航天领域科研任务，输送大量人才到航天工业战线，这些可以让祖国更强大、让国防更稳固的事业，对李占文来说有极大的诱惑，他期望着自己有一天也可以投身其中，也可以把自己在母校的所学奉献给祖国的航天事业。报国之志、航天情怀，伴随着他的求学、成长之路，刻苦钻研、厚积薄发，为事业的发展奠定了坚实的基础。

扎根航天，善小而为

大学毕业，何去何从，是人生的一个重要关口。在那个时代，选择什么样的职业，往往决定着人生走向和价值追求。1983年，怀着为国铸剑、奉献航天的情怀，李占文毅然来到大巴山深处，成为062基地7111厂一名工艺员，开启了自己扎根航天的奋斗历程。

然而理想很丰满，现实却很骨感。刚毕业的他不仅大费周章才来到位于山沟沟里的工厂报到，而且还被安排从事一些非常基础的工作，这让名牌大学毕业、怀揣远大抱负的他，一度觉得很不适应，但他坚持努力干好每一件事，在艰苦的环境里磨砺自己。记得一次车间一名产品转运车司机因故不能来上班，他被师傅安排去开产品转运电瓶车，在厂区内各厂房间转运产品，这让他感到非常郁闷。在一个风清月明的夜晚，古人"勿以善小而不为"的名句闯入他的脑海，连续两晚在他大脑里出现，他辗转反侧，若有所悟。很快他调整好心态，决心踏踏实实地从小事做起。从来没开过车的他，开始专心致志地学习电瓶车驾驶，留心观察路面哪个地方坑洼不平，细心琢磨如何做到驾驶更平稳；同时，熟读产品装卸注意事项，认真思考如何能够更高效、稳固、安全等等。而这些，在他的勤奋努力下被一一征服，且做到极致。对此，师傅伸出大拇指，他也获得了领导的当面夸奖。

日子一天天滑过。后来，身为院党委书记的李占文，常常将此事分享给新入职员工，告诫大家要耐得住性子，处处留心皆学问，只要用心去做了，都会有收获和成长。"你看我当年开转运车，开好了那个再后来在驾校学习拿驾照，那还不是小菜一碟？"他调侃。凡事都要学习，关键在于用心。

正是缘于对工作的执着和对事业的热爱，他很快成长为一名工艺技术骨干，继而担任设计室主任、设计所副所长、工厂副总工程师，为国家重点型号、运载火箭等伺服机构、管路活门等产品的生产开发、工艺改进尽心尽责、保质保量，为保证航天型号任务圆满完成做出了应有的贡献。

为国铸剑，呕心沥血

21世纪初，李占文已经调任062基地副主任，在此期间他始终从事着与国防武器装备重点型号直接相关的科研生产管理、质量管理以及总装厂的直接管理等相关工作。

其时，正值四川航天史上具有重大转折意义的时刻，标志着新的决策层以极大的实践胆略，实施批生产基地发展战略，构建自主创新体系，打造核心竞争能力，以此将四川航天引向攀登新的历史高峰之路。

在为国铸剑的征程中，几项极为重要复杂的任务重重地落在了李占文的肩上。

大巴山，丛林密布，峰峦重叠，乱云飞渡。大型总装厂就坐落在这大山沟里。这里交通不便，信息不灵，企业的生存发展遇到了很大的困难。企业要发展壮大，要解决几千人的吃饭问题，就必须搬出去。在四川航天三线脱险调迁热火朝天进行的重要关头，李占文兼任总装厂厂长，要实现将工厂主体从大山沟里搬迁到成都市国家级经济技术开发区，实现两地办公，协调任务十分繁重，摆在他面前的难题接踵而至。如何保障设备安全、如何保障队伍稳定、如何如期完成

李占文现场调研四川航天民用产业发展情况

国家任务等等，一连串问题充满挑战和变数，让他常常陷入沉思，彻夜难眠。

李占文胆大心细，视野开阔，思维全面，兼顾各方利益，最终顺利实现了千头万绪、错综复杂的大搬迁，确保了队伍的稳定和科研生产任务的平稳过渡。总装厂主体调迁到成都龙泉驿，在市场竞争中赢得了发展，而从事国防尖端产品总装测试的干部职工留在了大山深处，继续为神圣的使命而拼搏奋斗，这里被人称为"中国航天最后的村庄"，留守大山深处的800名职工，亦被人称为"八百壮士"。此后数年，作为院党委书记的李占文多次满怀感情地到山沟里慰问看望他们，并多方采取措施，切实改善他们的生产生活条件，从资金、政策、荣誉等方面予以足够的重视和保障。

要干成事，不但要有人，兜里也得有钱。2003年前后，他主持开展了一项重点军工能力建设项目论证和申报，全额获得国拨建设资金支持，提升批生产能力，奠定了四川航天在国防建设中的重要战略地位。

世间从来没有简简单单的成功——

李占文检查指导总装厂型号工作

巨额国拨资金的背后是李占文无数次被否定和拒绝时的坚持，无数次带队到现场考察的艰苦，无数次直接主持参与论证和讨论的坚韧，无数次亲自修改申报材料的坚毅……数年之后，看着这些厂房盖起来了，设备安装好了，他如同看到自己的孩子在慢慢长大……感慨，欣慰，释然。

无论从事生产、组织、科研，还是能力建设、创新管理，抑或工艺攻关、技术开发的一线工作，他始终秉承哈工大"规格严格，功夫到家"的校训，脚踏实地、率先垂范。2009年，李占文作为某重点型号生产工艺攻关和技术开发队伍的主要成员，获得了国防科技进步奖特等奖。

自主创新，不畏艰难

只有创新，才能发展。四川航天的发展之路就是一条充满艰辛的自主创新之路。

四川航天的自主创新主要体现在卫士系列战术武器的研制生产上。30余年来，卫士型号的创业者们本着航天报国的责任感和使命感，以振兴四川航天为己任，自力更生，艰苦奋斗，忠诚担当，顽强拼搏，经过艰苦卓绝的努力，克服难以想象的困难，开创了四川航天竞争性战术武器领域的良好局面，有力推动了四川航天从单一批生产基地向具有自主创新能力研究院的转变。

不管是作为院业务分管领导，还是院党政主要领导，李占文不仅努力完成好为国铸剑的任务，同时也为四川航天自主研发的战术型号的技术开发和市场工作，投入了大量的精力和心血。

研发工作是探索或突破新的关键技术，难度大，周期长，未知因素多，短期内不易见到成果。要搞好军品的研发工作，需要一支专业的研发试验队伍，也需要领导者的雄才大略和远见卓识，尤其在遇到重大挫折的危难之际。

2005年，四川航天第一款带有控制系统的制导火箭弹面临首飞试验考验，李占文也和大家一样，对于结果充满了期待。他和试验队伍一同奔赴前线，一同开展试验工作。

也许是命运的考验，试验遭遇了失败。当大家垂头丧气、心有不甘的时候，李占文鼓舞大家勇敢面对，查找失败原因，积极改进。他说："失败是黎明前的黑暗。不要被困难吓倒。对于自觉接受挑战的人说来，问题就是希望，危机就是转机。"他和队伍奋战在一起，按照航天归零双五条的原则，进行技术分析、问题定位、试验验证，最终修正后的飞行试验获得圆满成功。从该型号始，四川航天逐步在制导火箭弹以及更复杂、更精准的导弹战术武器方向上越走越远、越走越扎实。

在无数人眼中，四川航天已经艰难地翻过一座山峰，新的希望再次来临，巨大的热情被唤起，一座新的高峰就在前面。

在四川航天战术型号军贸市场开拓取得过一些成绩的基础上，四川航天自主开发了一款增程火箭弹产品，对于国际军贸市场上已有的一款通用化近程火箭弹进行二次开发、增程设计。然而研制工作并非像想象得那么顺利，首飞就遭遇了掉弹失败。获悉消息，李占文直奔内蒙古阿拉善试验现场，给团队鼓舞士气，让大家放下包袱，进一步开展故障分析工作。试验的时候已经是冬天，户外寒风凛冽。李占文赶到落区，顶着刺骨的寒风，和大家一起去寻找落弹残骸，回来一起分析故障、盯问题、找方法。最终在他的鼓舞和亲自带领之下，队伍痛定思痛，认真分析原因，进行了设计改进，试验终于获得了成功。而该款产品也成为四川航天目前在军贸市场上的拳头产品。

李占文勇挑重担、领军作战，在竞争性战术武器研制和军贸方面已收获了成功，如果不是他的执着不懈、愈挫愈勇，航天科技七院军贸发展就不会有今天的局面和声望。

2018年是航天七院自主创新30周年，也是总体部成立10周年，院党委总结提炼了"永不言弃、永不言苦、永不言败、永创一流"的卫士精神。李占文亲自为《卫士》文集作序，他说："作为四川航天战线上的一名老兵，我有幸亲历和见证了四川航天自力更生、披荆斩棘的创业历程，有幸组织并参与了涉及卫士型号研制生产的多项重要工作。当我一页页翻看全书的时候，洁白纸张上那些细细黑黑的方块汉字就像被开水冲散的茶叶，原本隐没的纹路、形状、颜色慢慢地恢复了昔日的荣光。那段激情燃烧的岁月以及其中众多的人事清晰地浮现在眼前，就仿佛发生在昨天一样。"

以人为本，凝神聚魂

2008年5月，带着中国航天科技集团党组的重托和四川航天广大干部职工的期待，李占文就任四川航天技术研究院党委副书记。

而这时，"5·12"汶川特大地震突如其来，给离震中不到90千米的四川航天技术研究院的科研生产和职工生活造成严重影响，李占文临危受命，与班子成员一道，冲在一线，靠前指挥，众志成城，沉着应对，迅速恢复生产生活，稳定职工队伍，夺取了抗震救灾的决定性胜利，确保了国家重点产品的绝对安全。北京来电称："奋斗山沟，已见长征精神；沧海横流，方显英雄本色。"

任党委副书记10年来，李占文带领党委一班人牢记职责，敢于担当，举旗帜、带队伍、定措施、抓落实，营造了四川航天风清气正的良好政治环境，为四川航天的快速发展凝聚起了磅礴的力量。

10年来，坚持党要管党，全面落实从严治党主体责任。紧扣中心工作，积极发挥党组织"把方向、管大局、保落实"的领导作用和各级基层党组织的战斗堡垒作用，不断增强"四个意识"，坚定"四个自信"，做到"两个维护"。实施党建工作责任制，推行党支部标准化建设，开展党建工作考评。

10年来，加强领导干部队伍建设。扎实做好领导班子和领导干部调配，积极推进领导干部培养和交流，开展选人用人专项检查整改，加强领导干部监督管理。全面开展党员干部十九大精神轮训，实现了全院领导人员、党员和入党积极分子、各级党务工作者全覆盖。

10年来，严肃执纪问责，持续正风肃纪。坚持将党风廉政建设与科研生产经营相结合，将党风廉政建设纳入中心工作和党的建设总体布局。坚持对领导干部开展廉洁从业教育和警示教育提醒，不断增强党员领导干部的思想觉悟；全力配合集团公司巡视，持续推进内部巡察，严格检查落实整改措施。

10年来，持续推进企业文化建设，加强工会、群团和离退休工作。组织开展系列文化活动；着力开展职工创新创效、素质工程、民主管理和关心关爱活动；积极做好青年工作，提升团建科学化水平；加强离退休人员思想政治工作，为离退休老同志送温暖、办实事、做好事、解难事；全面落实信访维稳工作责任，排查化解矛盾纠纷，维护了全院和谐稳定；开展精准扶贫，积极履行企业社会责任。

在2019年度工作会上，李占文指出："我们可以自豪地说，正是一代又一代四川航天人的努力奋斗,才使七院实现了三个转变:即由单一批生产基地向具有自主创新能力的大型研究院的转变,从求生存向谋发展的转变,从矛盾众多、信心不足到稳定和谐、团结奋进的转变。"

老骥伏枥,志在千里;烈士暮年,壮心不已。

2018年底,李占文履新,任四川航天技术研究院院长。

历史翻开了新的一页,他,开启了新的征程。

面对迎面而来的机遇和挑战,他激情满怀,敢于担当,迎难而上,铁肩扛鼎,抓系统学习,深入一线调研,实施四川航天英才计划,召开科技创新大会,谋划全面深化改革之举,落实从严治党"一岗双责"……他不知疲倦地工作着,用严谨求实的作风与坚忍顽强的精神诠释着航天先锋的使命。

历史赋予哈工大人永攀高峰的精神、勇创辉煌的梦想、永不言败的志向。李占文,正是在这样宏伟志向的驱使下,成就了一个哈工大人在中国航天西南桥头堡的精彩篇章。

尹晓华

哈工大人 在四川
HAGONGDA REN ZAI SICHUAN

　　尹晓华，汉族，1962年11月出生于安徽巢县，1983年7月毕业于哈尔滨工业大学金属材料及工艺系铸造专业，1983年8月至1998年2月在四川航天工业7111厂工作，先后任教员、工艺员、技改工程师，1998年后投身律师行业至今，现为四川雅图律师事务所合伙人。2005年获四川大学法律硕士学位，2008年加入九三学社，2011年至今连续两届被聘为成都仲裁委员会仲裁员，2018年6月至今任四川省律师协会规则与大数据工作委员会主任。

一位专业而热心的律师

——记四川律师 尹晓华

一、一个数次"脱轨"的人

"我是一个'脱轨'的人！我数次脱离了原来的轨道。"四川雅图律师事务所律师、合伙人尹晓华站在位于成都市西安南路69号西雅图商务大厦10楼的事务所办公室的窗前，看着邻近的成都市商贸职业学校运动场上的学生，想起了自己的学生生涯和此后的职业生涯，喃喃自语。

1979年9月初，不到17周岁的小男生尹晓华只身一人（那个时候没有家长送到学校一说），千里迢迢从安徽来到哈尔滨工业大学上学，学的是铸造专业。对这个专业，尹晓华毫无概念，只是觉得这个专业与校名里"工业"两个字倒是很吻合。报到以后才知道，铸造专业属于金属材料及工艺系，兄弟专业有金属材料及热处理、锻压、焊接等。

三年的课程学习一晃而过，三十多门课程都学完了，对专业的情感也和大多数同学一样从无到有，从淡薄到浓郁。刚入学时恰逢报刊种类大爆发，曾经停刊的报刊全部恢复，又诞生了许多新报刊，尹晓华课余时间大多待在图书馆阅览室，如海绵吸水般汲取社会科学、人文科学知识，《文史哲》《学术月刊》《新华文摘》《社会科学战线》等学术刊物以及众多文学期刊给了他丰富的营养，也耗费了过多的时间，以至于第一学期高等数学考试只得了"及格"分数，整个寒假他都惴惴不安，担心收到补考通知。随着专业学习的深入，他对课程的兴趣也越来越浓了（直到现在偶尔还翻一翻《电工学》《物理化学》《流体力学》《传热学》，甚至《金属相图》等基础课和专业课教材），考试成绩也绝大多数是"优秀"分数。1982年秋天，全班同学来到了长春一汽铸造分厂实习，这次实习给同学们留下了深刻的印象。

1982年，改革开放的春风从南方那个小渔村刚吹起不久，内地基础工业没有什么大的改观，铸造业也是这样，在人们的心目中就是落后的翻砂。然而，当同学们来到一汽时，新解放牌卡车刚下线不久，人们喜气洋洋，5 000人的铸造分厂也完全出乎他们的想象，高大的车间十分整洁，空气清新，一条条生产线井然有序。正是有了这样的一条条生产线，一汽才能6分钟生产一辆"新解放"，这让同学们兴奋不已。三周的实习结束时，同学们暗下决心：要向一汽学习，为改变中国的铸造工业面貌而奋斗！

本科毕业了！1983年8月，尹晓华来到了位于大巴山深处的航天部062基地，随后又分到了7111厂。在厂劳人科（后改为劳人处）办公室，科长安排尹晓华暂时到教育科协助进行最后一批职工的文化补习。他解释说："厂里原来有一个铸造工段，后来被基地并到邻厂去了，厂里觉得不方便，想恢复，就把你要来了。要不了太久你就可以继续从事专业工作了。"结果就是，30多年了，铸造工段始终没有恢复。这是尹晓华的第一次"脱轨"。

1995年底，尹晓华在经过3年停薪留职的"下海"后，又回到了7111厂。此时的工厂已整体搬迁到成都郊县温江。回到厂里，尹晓华在思考今后的人生道路该如何走，也包括如何回到成都茶店子工作生活——因为从茶店子到温江有20千米的距离。此时一位好朋友建议尹晓华自学法律，并参加自学考试，然后考律师资格，回成都当律师。经过慎重考虑，尹晓华觉得这条路可行，于是自学起法律。当时自考的课程是"环境法学",尹晓华毫不犹豫地开始学习这门课。后来发现这是最枯燥的一门法学课程,没有之一。

另一位好朋友知道了尹晓华自学法律的消息,告诉他不必参加自学考试,可以直接考律师资格。得知这一信息,尹晓华很高兴,对准律师考试的课程展开猛烈的进攻。他一边高强度自学,一边大量做题加深理解,就这样,从1996年6月起,尹晓华花了一年时间把律师考试所涉及的课程都学完了。1997年7月,他报名参加了省司法厅组织的为时2周的律师资格考试考前培训班,在这个班上他认识了一位"口气很大"的邻座学员程守太。程守太对他说:"如果有这个资格证的话,我一年可以做几百万元的律师业务。"当时一般人的月工资不过几百元,尹晓华认为程守太在吹牛。

1997年10月,经过充分的准备,尹晓华参加了全国律师资格考试。没有经验,也没有比较,他不知道自己考得怎么样,只是默默地回到工作岗位,静静地等待。终于等到1998年2月初公布成绩,打电话得知自己过了分数线,尹晓华一分钟都等不及,立即去联系律师事务所实习。比较了几家后,尹晓华确定在四川东方大地律师事务所实习。该所在市中心正府街,省高院斜对面,每天看到省高院的牌子,尹晓华觉得"浑身充满正气"。

实习了几个月,尹晓华补办实习手续,被要求辞职,并把人事关系转到成都市人才交流中心。虽然舍不得,也没有办法,只好回厂里辞职。厂劳人处很仁慈,说:"你不要辞职,我们解除劳动合同吧。"并给了尹晓华六千多元补偿。端了15年的铁饭碗就这样没了。这是尹晓华的第二次"脱轨"。

1998年11月实习结束,尹晓华拿到律师执业证,开始了律师生涯。2000年6月,他在省高院门口碰到程守太,两人互相介绍了情况,都做了律师,不同的是程守太已经自己办了一家律师事务所——四川泰和泰律师事务所,程守太邀请尹晓华加入,他欣然应允。两个月后他就去泰和泰所在的亚太广场上班了。又过了几个月，2000年年底，泰和泰搬到了位于市中心的世界贸易中心大楼。此时，尹晓华才认识到了程守太所蕴藏的巨大能量。

在介绍尹晓华的第三次"脱轨"经历之前，先看看他的中石油海外项目之旅。

二、参加中石油海外项目

2002年初，通过朋友的介绍，尹晓华以雇员身份来到了中国石油天然气集团公司下属一家建设公司苏丹项目部合同管理部。他听项目负责人说，以前认为英文好的专业人员包括技术人员或者计划人员都可以胜任合同管理，直接转岗就可以了。后来发现不对头，有些合同用语看起来都认识，但是其真正的含义非法律职业者难以理解。尹晓华到岗后，熟悉了一段时间就开始了工作。所要熟悉的内容，除了项目情况外，就是FIDIC条款，尤其把EPC合同条款作为重点。此后他和同事们一起参与项目总承包合同的招标、投标和合同磋商。与业主签订了主合同后就要将土建等部分工作分包出去，要招标、磋商，签订分包合同；又要协助采购部起草、审查设备采购合同；还要时刻关注项目进展和主合同、分包合同的履行情况，所以合同部工作量很大。刚开始尹晓华对自己的英语口语没有把握，第一次给当地人打电话时怕同事笑话，偷偷找了个没人的座机，不过很快就得心应手、渐入佳境了。

早在去苏丹前，2000年下半年，尹晓华就通过了四川大学的全国在职法律硕士统一考试，可刚读了一年，因为要去国外工作，只好休学一年。他想申请再多休一年，被学校拒绝了。为了既能延续"海外之旅"，又不荒废学业，2003年4月，尹晓华托朋友转进中国石油天然气股份有限公司国际公司（Petro China International Company Ltd.）印度尼西亚项目（简称"印尼项目"），这是中国石油股份公司收购了一家美国公司在印尼的油气资产后成立的中方项目公司。这样,尹晓华把休假时间和长度稍微调整一下就能在回国休假时参加集中学习,回到项目上工作之余复习、做作业,最后还带了30公斤专业书籍和复印的资料到印尼项目撰写学位论文。因为复学后下一年级课程安排有微小差异,导致有一门课程没参加考试,推迟了参加论文答辩的时间。直到2005年5月尹晓华的硕士学位论文《论产品缺陷及其侵权责任》通过了答辩,他才获得法律硕士学位。

由于中石油集团公司内部体制调整,尹晓华所在的印尼项目不再隶属于中国石油股份公司,变更为中国石油天然气勘探开发公司(CNODC)的全资子公司,该公司管理多个当地项目公司如中国石油印尼加邦公司等。要说明的是,CNODC负责中石油集团所有的海外项目开发经营,其时在全世界26个国家有近50个项目。印尼国家油气业管理模式是"产品分成制",即印尼政府推出一个油气区块对外招标,各家油气公司(主要是国际石油巨头)单独或者组团投标。组团之所以必要,是因为油气开发收益高,风险也大,几口探井钻下去,可能没有油,几百万上千万美元就打水漂了,所以需要分担风险。牵头的公司是"作业者"(Operator),其他参与公司是"伙伴"(Partner),也就是"打酱油的",只有参会、表决和审计的权利。中石油收购美国公司资产时也继承了多个区块的作业者地位,因此有机会大展身手。尹晓华刚去印尼时加入了加邦区块拜塔拉天然气厂建设(BGP)项目的中方项目组,该项目建设总承包合同由原美国公司作为业主与日本公司、新加坡公司组成的联合体在中石油进入前签订,日本公司负责土建,新加坡公司负责设备制造、安装和调试。中石油接管后,各方包括印尼政府都担心项目不能正常建设、按时投产。他们太小看中石油了!中方项目组成员有十名左右,都是各领域的专业骨干,尹晓华的岗位是高级合同督察。他们在中石油总部和印尼项目公司的领导和支持下,全力以赴,及时发现问题、解决问题,督促、推动项目正常运转。经过两年多的建设,BGP项目按时投产,通过管道(包括海底管道)向新加坡电厂供气,每天收入一百多万美元。印尼政府和伙伴们对中石油的作业(管理石油区块开发)能力大为赞赏,中方项目组成员包括尹晓华也获得了CNODC的科技进步一等奖。

2007年,尹晓华(右一)在中石油印尼项目公司加邦区块拜塔拉天然气厂(BGP)

BGP项目结束后,尹晓华回到了印尼项目公司法律部任主管,其职责是协助公司商务副总裁管理公司法律事务。尹晓华的工作内容是事先审查所有需要商务副总裁签署的合同(有时一天有几份合同);参加商务谈判;安排当地雇员(具有印尼律师资格)工作,包括出庭、与当地政府和社会各部门接洽处理法律事务等等。2006年8月初,项目公司旗下的东爪哇区块一口油井发生气突事件,井口冒出大火,附近居民十分惊慌。项目公司迅速处理了这一突发事件,从技术上控制了气突事件,生产很快恢复正常。但是当地舆论仍对中石油不利,有的指责中石油不注重安全生产,有的指责中石油不注重环境保护,这些指责看似有道理,其实是夸大其词。项目公司在印尼首都雅加达举行新闻发布会,尹晓华作为新闻发言人说明了东爪哇区块的生产、安全和环境保护的情况,并表示了继续生产的决心。中石油的态度取得了印尼政府、伙伴和社会各方的理解和认同。一年多兢兢业业的工作得到项目公司的认可,2006年底,尹晓华除了获得CNODC法律工作先进个人称号,还获得了CNODC宣传工作先进个人称号。半年后他被任命为印尼项目公司法律部经理,在整个印尼项目工作期间,中石油印尼项目几乎没有发生过合同纠纷。

一晃五年过去,虽然已经适应了这个热带国家,工作也顺利,职业发展势头良好,但尹晓华还是决定回到成都当律师。同事以及亲朋好友都纷纷问他为什么。他说为了孩子。孩子八岁了,他不愿意像项目组其他同事一样把妻子、孩子都接过来。虽然那样就能一家团聚了,生活也舒适,可孩子就得不到高质量的国内教育,将来会跟不上祖国发展的步伐。最终他选择了回国。这是尹晓华的第三次"脱轨"经历。

三、一份律师年终总结

2017年4月,尹晓华对上一年度律师工作做了以下总结(律师每年都要总结,存于司法局或者律师协会):

"有19年执业经历的我,忠于国家宪法和法律,自觉维护当事人合法权益,维护法律正确实施,维护社会公平和正义。

"勤勉敬业,以当事人的利益为重,为当事人提供优质服务。作为常年法律顾问团队负责人,带领服务团队为十多家企事业单位提供常年法律服务,及时审查顾问单位提交的合同和其他法律文件,回答电话咨询,为顾问单位处理纠纷提供法律意见,必要时参与处理。不定期拜访客户,定期与顾问单位管理层举行联席会议，了解、熟悉顾问单位的商业模式和管理模式，发现隐患，提出建议，排除潜在风险，为顾问单位正常运营和管理提升提供法律支撑并保驾护航。常年法律顾问合同续签率达到百分之九十以上。

"所有诉讼（包括仲裁，下同）案件，不论标的额大小，也不论是否是顾问单位的案件，都全力以赴，毫不懈怠。代理合同签订前与当事人充分沟通，共同分析诉讼双方的优势和劣势，耐心告知客户诉讼过程和结果不确定的风险；代理后反复研究案件，当代理原告起诉，如果胜诉可能性大，第一时间进行财产保全，包括诉前保全，确保最终胜诉后能实现或者部分实现诉讼目标。不论代理原告或者被告，积极收集证据，尽一切可能调查取证，争取在诉讼中取得优势或者部分优势。积极与当事人沟通，在形势不利的情形下，及时告知当事人真实、客观的情况，通过法律宣讲，取得当事人理解。在任何情形下，与审判人员保持正常交往，尽自己努力促进司法公平和社会正义。

"作为事务所负责知识产权部的合伙人，积极推进雅图律所知识产权服务。积极参加四川省、成都市及各区（市、县）政府科技（含知识产权）部门组织的政策部署、宣讲、座谈讨论等各项活动，不断向本部门人员灌输服务意识，带领部门人员多次走访知识产权服务对象，执行相关县区知识产权托管计划并及时汇报工作，最终完成国家第二批知识产权品牌机构培育计划，并成为国家第二批知识产权品牌机构。

"在冷静、客观分析本机构知识产权服务的优、劣势态的基础上，基于本机构专利代理量不大的情形，提出本机构知识产权（主要是专利）服务的新形态，即专利复核服务。此项服务主要针对重视创新技术的企业。对这样的企业，创新技术是其生命线。因此专利文件的撰写质量以及此前已经授权的专利能否真正保护企业的创新技术显得尤其重要。

"无论在常规法律服务市场还是在知识产权法律服务市场，不搞低价竞争或者其他不正当竞争，遵守行业规范，维护行业尊严。

"本人所在的事务所是一个小而精的团队，团队的每一位成员都有其专长。作为事务所的合伙人，我将秉持事务所'雅道宏图'的宗旨，不断学习，开拓业务，与全体同事一道把事务所办成有特色、有声誉、有持续发展能力的法律服务机构。"

年终总结有套路，职场人都知道。但是尹晓华的每一份总结都力求真实、准确，并自愿向全所律师网上公布。

很重要的一点，总结里没有提到，就是为当事人保密。保密是这个行业最基本的职业道德，包括几个方面：首先是某个当事人对某项事务采取了行动，其次是该事务及行动的具体内容，再次是委托人和受托人的具体信息。简单地说，工作之外对有关法律服务只字不提，工作之内透露相关信息要有依据并完成必要手续，如保密协议等。举例来说，尹晓华在四川校友会担任职务，与很多校友熟悉。有校友委托他进行法律服务，相互熟悉的校友绝不可能从他口中听到某校友委托他处理法律事务的事，更不可能听到有关法律服务的只言片语！

2018年1月，有两千多名律师执业的成都市金牛区授予尹晓华"优秀律师"称号。尹晓华说自己"并没有做什么惊天动地的大事，只不过20年如一日做好律师"。"做好律师"有两层含义：一是做个好律师，二是做好律师工作。这都是他所追求的吧！

四、规则与大数据工作委员会

2018年3月，四川省律师协会发出通知，省律协要组建规则与大数据工作委员会，全省律师都可以报名参加。从名称上可以看出，这个委员会负责两方面的工作：一是规则制订方面的工作，另外一个是大数据方面的工作。

规则制订方面,省律协以及下属各专业委员会如刑事法律委员会、公司法委员会等,各专门委员会如青年律师委员会、惩戒委员会等,各自的工作规则要审查、修订,国家包括地方法律法规修订要征求意见,省律协还不时接到省政府其他部门以及其他组织发来的关于法律问题的咨询函,要答复。大数据方面,省律协领导看到法律科技方兴未艾,认为省律协应当跟上时代的步伐,尽快打造四川的智慧律协、智慧律所,用大数据、人工智能、区块链等新技术为法律服务提供锐利武器。尹晓华考虑自己从业20年,在这两方面都有特长,对此也感兴趣,于是自荐做委员会主任。一个月后委员会由他来筹建,并于6月底召开了成立大会。此时泰和泰律师事务所主任程守太律师任省律协会长,他们的工作又有了交集。

委员会成立几个月,尹晓华就接到了一项艰巨的任务。2018年是省律协换届年,新律协班子决定举办四川律师论坛。此前四川律师参加西部律师论坛,现在四川要自己办论坛了。论坛定在12月3日举行,上午是总论坛,下午是

2018年12月3日,尹晓华(左七)在首届四川律师论坛上与省律协领导和与会嘉宾合影

分论坛，共有五个，其中一个是科技引领未来，这就是规则与大数据工作委员会的任务了。根据省律协主要领导的意见，筹备组尽量邀请一线城市及沿海地区的法律科技大咖演讲。经过两个月紧张筹备，论坛成功举行，委员会邀请到中国政法大学、理脉、北京知名律所、成都郫都区人民法院等多位来自知名高校、法律科技企业、律所及司法领域的精英作为演讲嘉宾参加本次论坛，最后以精彩的沙龙结束。委员会一开始计划邀请80位律师参加科技分论坛，结果来了130多位，而且大多听到最后一分钟不愿离开。

五、热心的社会工作者

尹晓华是个热心人。从2008年10月底回到成都起，他就参与小区管理工作，十年来先后担任业主委员会副主任、业委会委员。当副主任时，当时的物业公司管理不善还拒不承认错误，唆使少数业主长期围攻、诬陷业委会。尹晓华毫不在意，带领广大业主赶走了不良物业，把家园建设成先进小区。换届时尹晓华坚持不当主任，只负责法律事务和小区绿化，得到小区业主们的认可和尊重。

2000年尹晓华第一次参加四川校友大会，他在会上意外碰到了1983年一起分到航天062基地，后来调回成都现在电子工业部十所工作的余伟。一叙才知道，好几年时间他与余伟仅有一墙之隔，却始终没有联系。这件事对尹晓华触动很大，从此他把校友会真正看作校友联系的纽带。

由于积极投身校友活动，后来尹晓华担任了四川校友会秘书长，再后来任副会长兼秘书长。他始终急校友之所急，想校友之所想，尽最大可能为校友服务。有这样一件事，那是2013年的秋天，他接到一个电话，是一个江西老校友要寻找他的高中同学、哈工大同届校友。这个江西校友只记得1965年毕业时那个同学分在二机部（核工业部）四川广汉一家工厂，早已失去联系。尹晓华放下电话后，拿起四川校友录，一个号码接着一个号码拨打，其中多数号码无人接听。像寻人这种工作不仅要有热心,还要有耐心。拨打了二十多个号码后终于找到了这家已迁往四川广元的工厂。但工厂劳人处的人说,他要找的人已退休,转离退休部门管理。再问离退休部门,说是安徽人,回合肥养老了。继续追问该厂合肥办事处,回答说确有此人,但返聘到秦山核电站了。又过了几天,终于问到了该专家的手机号码,告诉了江西校友。"那年春节,我接到江西校友的来电,说他和同学见面了,专门打电话告诉我,感谢我。这份情谊是我志愿服务的回报,为校友们高兴!为校友们祝福!"尹晓华回想着。

2017年9月23日,尹晓华与四川校友会候任会长马敬德一起参加了哈工大第六届海内外校友工作研讨会,感受到了母校对校友工作的重视,更感受到全体校友挚爱母校的拳拳之心。返程的航班上,他按捺不住激动的心情,写下了一首小诗:

来自大江南北,
来自长城内外,
汇聚黑、鲁、粤地,
同入工大校门,
从此烙印终身。

聚是一团火焰,
散是满天星星,
一腔热血沸腾,
化作无穷力量,
报效国家民族。

长久校风校训,
雕刻三十万人,
无论哪行哪业,
无论地位高下,
一样行事风格。

工作四五十年,
尽管鬓毛渐白,
雄心仍然不减,
工作、生活、休憩,
一项不能落下。

成就有大有小，
贡献有重有轻，
一样曾经奋斗，
一样泪水欢笑，
一样无悔人生。

一句高声自白：
我是哈工大人！

哈工大人在四川　张　凯
HAGONGDA REN ZAI SICHUAN

HARBIN INSTITUTE OF TECHNOLOGY

　　张凯，四川荣县人，1965 年出生于四川江津白沙，1982 年考入哈尔滨工业大学；后在职完成厦门大学 MBA 工商管理专业硕士研究生学习，现任中国航天科技集团有限公司四川航天技术研究院（以下简称航天科技七院）党委副书记、工会主席。历任四川航天多家企业负责人、中国运载火箭制造股份有限公司筹备组副组长、航天科技七院副院长等职，倾其一生探索推进航天企业公司化发展之路，历经艰难、披荆斩棘，成长为有战略眼光、有创新思维、能系统思考的航天企业经营者。曾获中国航天科技集团有限公司航天奖等荣誉称号。

勇做航天经营改革的先行者

——记四川航天技术研究院党委副书记张凯

川人出蜀，结缘工大；蜀人归川，扎根航天

"哈工大是我梦想起飞的地方。"时光回溯到 20 世纪 80 年代初，山清水秀的四川江津小城。张凯在街坊四邻羡慕的眼神中以优异成绩考入哈尔滨工业大学，由学校分配进入电子仪器与测量专业学习。大学四年他惜时如金，教室、食堂、宿舍三点一线，在简单充实的学习生活中，打下了扎实的专业基础，也树立了"规格严格，功夫到家"的做事信条。大四期间凭借各方面的优异表现，他光荣地加入了中国共产党。

成长在聂荣臻元帅故乡的张凯，打小就有一个当兵的梦想，扛枪上战场、保家卫国。快到毕业季，正值对越自卫反击战期间，一腔热血的张凯怀揣保卫祖国的夙愿、带着成为军人的梦想，向组织提出申请，请求入伍并奔赴前线。考虑到国家培养一名大学生不容易，组织回绝了这个赤子的请求，他被分配到原 062 基地工作。

自古蜀道之难难于上青天，前往单位报到之路的辗转、艰难，还是让张凯始料不及。先是坐火车到重庆，再转长途汽车到达县，抵达已是深夜，在招待所草草对付一夜，赶第二天一早的班车，一路颠簸 8 个小时，前往万源白沙山沟里报到。山路弯弯，峰回路转，越走人烟越稀少，地方越偏僻荒凉，原本高涨的情绪也越来越低落。"难道此生我就要在这山沟沟里终老？"他一遍遍地问着自己，从东北到重庆出差，专门来工厂看望他的大学同学见了沟里的景象，也劝他不宜久留，早日谋划出路。面对巨大的心理落差，与那个时候大多数大学生一样，张凯也暗下决心，离开这封闭偏远的山沟。也许冥冥之中注定要与航天结缘一生，在燎原无线电厂工作期间，爱情不期而至，这让张凯就此在四川航天扎下了根……

在燎原无线电厂工作的一年多里，张凯负责的一个技术项目和哈工大有合作，出差到母校开展工作数月之后，正好赶上基地劳动人事处前往学校接收应届毕业大学生，劳动人事处遂抽调他继续留在哈尔滨，参与接收毕业生工作。因工作细致负责，回到单位他就被正式调到基地机关劳动人事处从事科技干部管理工作。这也开启了他由技术线转型到管理岗位的职业生涯新篇章。

人才强企，牛刀小试；经营管理，淬炼成钢

在张凯转而进入科技干部管理岗位工作之后，恰逢当时原062基地领导袁连启提出并实施人才强企计划，要在三年内招收1 000名本科生，并筛选培养成未来企业发展的骨干力量。年轻的张凯也被委以重任，组织开展大力接收大学毕业生和科技干部培养与管理工作，当时加盟基地的很多青年才俊，如今已是四川航天各条战线上的中坚力量。虽然面临全新的工作挑战，但这难不倒好学肯干的他，张凯也随着人才强企相关工作的密集高效推进，得到了极大的锻炼、拓展了视野，坚定了发展好四川航天的信心，增长了成为一名企业管理者的才干。

企业发展靠人才，人才施展需要舞台。当时的原062基地领导以开放的胸怀，高屋建瓴地提出了"沿海窗口"发展战略，准备契合小平同志改革开放的大方针,在深圳、海口、威海、秦皇岛、汕头、珠海等地,成立市场开发部或窗口单位,牵引地处大山腹地工厂的发展。基地异地收购了北戴河仪表厂,成立合资公司,张凯也被抽调去参与了北戴河星源电子有限公司的组建和人事管理工作。合资企业的运营管理是新兴事物,为了更好地学习公司化运营管理,张凯主动申请并考入厦门大学完成了MBA工商管理硕士研究生的学习。重返校园,带着实际工作中碰到的问题和困惑,他虚心求教。其间,他特别关注和深入研究了军转民、内转外的企业化运营领域相关课题,养成了关注宏观经济的习惯。"路漫漫其修远兮,吾将上下而求索。"从研究生学习时起,他就对军民融合发展领域产生了浓厚兴趣,有了越来越深入的思考,为日后实践提供理论指导。

1996年8月厦门大学研究生毕业后,张凯信守承诺回到了062基地,一方面他历任基地经营发展部、企业发展部部门领导,从宏观管理层面参与、指导基地民品经营发展的管理;另一方面,作为企业直接操盘手,他也亲历了四川航天宏宇进出口有限责任公司、成都九鼎科技有限公司的经营管理工作,主持开展了农用车项目、洗衣机项目和进出口业务等市场工作。

历史总是垂青于有准备的人。勇敢追逐时代的浪潮,张凯成为四川航天市场化经营的开拓者和亲历者,几经磨难,从前的那名还显稚嫩的大学生在市场经济大潮的起起伏伏中,一步步蜕变成为一名优秀的企业经营者。

不懈探索,军民融合;永不言弃,迎难而上

2005年,张凯走马上任航天科技七院院长助理,在时任七院院长贺东风的主导下,七院论证了如何以移动终端显示设备市场为突破口,逐步进入通信卫星信号地面应用领域,特别是移动通信领域的产业链的可能,成都航天光电技术有限公司应运而生。张凯出任公司董事长,主持公司业务发展,特别是产品研发和市场开发工作。光电公司成为四川航天探索军品融合市场的新生力量,特别是产品融合了航天行业背景,与卫星应用有机结合,让大家看到大好发展前景,深受鼓舞。公司采用全新市场化运

张凯现场调研川南机械厂数字化制造升级工作

作模式,几年间得到长足的发展,运营管理、企业形象、员工素质也都得到全面快速的提升。然而命运多舛,因为市场的激烈竞争、前期的经营亏损,企业发展举步维艰;2008年金融危机的冲击更是让公司雪上加霜,加之全局战略思路的调整等等诸多原因,最终公司不得不面对亏损关闭的窘境。

2011年,凭借在航天产业公司化、企业化、市场化运作方面的丰富经验、热情负责的工作态度,经七院党委推荐,张凯代表七院参加中国运载火箭制造股份有限公司的筹备工作,并担任筹备组副组长。这次股份公司的筹备,也许是中国航天历史上迄今为止最重大、最复杂、最艰难的体制机制改革创新,所需整合资源之多元、所涉单位及人员之复杂,牵扯的制约因素或条件之艰难,前所未有。不仅对张凯本人,对于整个中国航天来说,都是个大难题。纵使他身在其中、全力工作,但最终还是因为种种原因和重重阻力,这次改革举措历经数年,最终无疾而终。

"滚滚长江东逝水,浪花淘尽英雄。"面对错综复杂的改革,我们不会单单以成败论英雄,也不会以项目或事由的结果来评价一个人的能力或付出。

张凯在四川航天技术研究院离退休职工文艺会演活动中致辞

革命就会有牺牲,改革也必然有挫折,在推进改革的路上,在探索创新的尝试中,失败的代价在所难免。回首往事,张凯也多有遗憾,感叹造化弄人。但他带领四川航天人在公司化经营、产业发展、体制创新方面积累了宝贵的经验,做出了积极的探索,永不言弃、永不言败。"路虽远,行必至。"终有一天,前人栽的树一定会有开花结果的时候。

采访中,张凯无限感慨地说:"我相信,航天企业也能做优做强!不是没有好的项目,不是没有好的人才,国企改革和体制创新就是在解放航天干事创业的禁锢,释放企业发展的活力。未来可期,对此我充满信心,并坚信于此!"

后记

作为校友,笔者深受感动,正是因为有了这些前辈学长在航天事业发展道路上的不断探索与牺牲,才成就了我们今天事业发展的良好基础和大好局面。我们哈工大四川航天校友有责任、有义务把四川航天发展壮大的事业做好,在我们的事业征程中诠释和展现"规格严格,功夫到家"的精神。

杨道国

HAGONGDA REN ZAI SICHUAN

哈工大人在四川

  杨道国，四川航天电子设备研究所研究员、副总工程师兼型号技术负责人，中国航天科技集团有限公司科技委空间安全与维护组成员，四川航天技术研究院科技委常委。1988年7月毕业于哈尔滨工业大学控制工程系自动控制专业，当年分配到研究所，一直从事精确制导技术研究工作。先后在海装、总装航天支撑、集团自主研发等多个型号及预研项目中承担关键技术研究任务。先后发布A级国防科技报告6篇、核心期刊论文3篇。先后获国防发明专利受理6件，已授权6件。获中国航天总公司1996年、1997年度航天奖，2005年、2010年获中国航天科技集团有限公司"学术和技术带头人"称号，2006年获中国航天科技集团有限公司"突出贡献专家"称号，2007年获国防科技进步奖三等奖，并连续获得中国航天科技集团有限公司"十五"和"十一五"技术创新先进个人称号。

无悔航天三十载　笃定初心赴征程
——记四川航天电子设备研究所副总工程师杨道国

立志求学报航天，孜孜不倦攀高峰

早在20世纪80年代，航天神秘而令人向往。在杨道国的老家附近，有航天的研究所和企业，有航天医院，有航天的技术学校。航天良好的形象不论是在当地居民还是在杨道国幼小的心中，都扎下了根。

勤奋的杨道国从小品学兼优。1984年高考，杨道国只填了一个航天部所属的重点大学——哈尔滨工业大学。他希望学习在航天，将来工作在航天。高考结果下来，他如愿以偿被哈工大录取。

进入哈工大自动控制系，杨道国才知道，他虽然在老家得了高分，在班上却处于倒数第5名。他深感差距巨大。巨大的压力和从事航天事业的梦想，更加激发他求学的热忱。除了认真完成课业，他还积攒了50多元钱，自己购买了《大学物理习题集》和6本苏联数学家吉米多维奇编辑的《数学分析习题集题解》，夜以继日地做题学习，努力积累自己的计算基础理论——这6本《数学分析习题集题解》至今还放在他家的书柜里。为了加快平时做题时的运算速度，1984年10月，他又花费一个半月的生活费买了1台卡西欧计算器。

大学四年，他作息时间与高中时期无异，每天按时到教室上自习，连学生活动中心都很少光顾。杨道国说："那个时候，根本没有耍的想法。"四年里，他两次获得一等奖学金，学习成绩名列前茅，毕业设计论文成为当年 12 个 A 级论文中的一个。

艰难困苦只等闲，保持梦想守根基

作为在农村土生土长的孩子，杨道国从哈工大毕业后，结合自身所学专业，选择了离家近、能照顾父母的四川航天电子设备研究所——一个专门研制雷达 DYT 的研究所。对航天的憧憬、雷达的专注，加之一个朴素的想法，使他与航天结下不解之缘。自此，他在航天战线上一干就是 30 余年。

然而事业起步的艰辛远超他的想象。

研究所是一个三线单位，坐落在大山沟里。尽管已是 20 世纪 90 年代末，那里依然人烟稀少、交通不便、缺少文娱、日子清苦。尽管单位微薄的薪资向技术人员们倾斜，但是外界的诱惑在此无疑更加强烈，一起入职的技术骨干先后离职下海。更出人意料的是，杨道国刚到研究所半年，上级按照总体规划部署，调走了研究所雷达 DYT 研制资源和全部技术骨干，只留下包括杨道国在内的 8 个新来的大学生，雷达 DYT 研制业务徘徊在夭折边缘。

"一个雷达研制单位，不能丢了雷达的根！"杨道国和剩下的技术人员坚信"只要坚持，必有所获"。1996 年，单位派他到西安电子科技大学脱产学习制导专业技术，准备与重庆航天机电设计院合作研究雷达 DYT 技术——孱弱的研究所将要重新开启 DYT 研究工作。同事们劝他走，杨道国却认为："单位在发工资都十分困难的情况下，派我到大学脱产学习，我不能辜负信任，这事儿，该我干！"

也就是从 1996 年开始，杨道国以某型导弹为应用背景，创造性地提出信号处理数字化设计方法，着手研制数字信号处理机。那时最揪心的是雷达 DYT 没有总体单位牵引，没有上级拨付的经费支持，缺少配件和元器件，缺少实验场地和条件……研制保障条件薄弱，想画图，没有电脑，想写东西都必须用纸稿……许多技术难以快速验证。

杨道国从一开始就没想过要放弃。为了方便画图、计算和资料收集，他不抽烟，不喝酒，不打牌，以每个月 260 元的工资，节衣缩食好几年，还向亲朋好友借了几千元的外债，咬牙买了当时价值 9 800 元的电脑搞 DYT 设计。其间妻子种种不同意，常与他发生争吵，但都没有阻止这个怀揣梦想的哈工大小伙。事实证明，这个硬盘只有 210M、内存只有 4M 的电脑，对研究工作起了很大的促进作用。在他的带领下，雷达 DYT 研制工作逐渐有了起色，到 2000 年，雷达 DYT 研制的快速推进使研究所再次获得了某型号 DYT 的设计资格！

满怀激情展拳脚，建功立业当此时

1997 年后，单位调迁成都，逐步走入新的发展阶段。虽然家与办公室之间的"两点一线"日复一日、年复一年，但是这种简单的生活丝毫没有影响杨道国的奋斗激情。"机会失而复得，没有理由不豪情满怀！"他开始施展拳脚，带领研制团队开启了全面的技术攻坚，以坚强的意志克服重重困难，完成了一次又一次的挑战，为研究所的 DYT 专业快速复苏立下汗马功劳。

2001年，他带领技术团队攻克DYT数字化信号处理核心技术，实现了DYT由模拟到数字化的跨越，使传统非相参体制DYT的控制和制导信息实现数字化传输，在DYT收发前端不变的情况下提高

杨道国（前排左一）年轻时进行DYT外场实验与同事合影

作用距离达40%，目标跟踪稳定性大幅提高，抗干扰技术措施实现了软件化修改，DYT技术研究上了一个台阶，并为产品小型化奠定了坚实基础。该DYT随某型导弹获得"中航工业科技进步奖一等奖"和"国防科技进步奖一等奖"。

2003年，在某总体院支持下，杨道国参加国家某重大专项技术研究，以某项目的空间探测为应用背景，参与全相参某探测雷达样机研制。他担任该项目负责人，带领技术团队突破了以固态功放合成技术、中频正交采样与相干检波技术、数字脉冲压缩技术、频率源产生技术为代表的多项雷达关键技术，解决了微小目标探测难的问题，有效提高了探测雷达的测试精度，推动了空间非合作目标探测技术的发展，项目研究成果获国防科工局"科技进步奖三等奖"。

在担任某型号雷达子系统项目副总设计师时，杨道国创造性地提出了某探测雷达采用全相参积累+脉冲压缩技术体制，解决了空间目标远距

离探测难的问题。利用该技术优势，有效提高了研究所雷达DYT探测能力、跟踪能力和抗干扰能力，并在国内首次将全相参雷达技术成功应用于某类导弹雷达DYT上，实现了研究所雷达DYT由非相参体制向相参体制的巨大跨越，使DYT具备了低截获能力，抗干扰能力也有极大提升。

凭借着以杨道国等为代表的研究团队的不断突破，研究所的DYT专业发展大有起色，开始向技术前沿和市场领域迈出脚步。

功成不必在我身，功成必定献我力

2006年，研究所与另一生产型企业实施管理整合，着力精确制导专业发展。杨道国响应号召，更加忘我地投入技术攻坚和型号研制工作中，为研究所DYT专业抢夺市场占位和推动新一轮发展做出了新的贡献。

2007年，研究所配合总体，成功竞标争取到某型导弹DYT的研制任务，实现了研究所第一个研制成功并获得国内武器装备列装的型号；2009年，完成某雷达子系统研制任务，为某探测雷达研究拓展了一个崭新领域；2011年，研究所再次成功竞标，争取到某三型复合DYT研制任务，并先后取得飞行试验和定型试验"八发八中"。这一系列发展成绩的背后，都有杨道国辛勤的汗水。

作为研究所新一代雷达DYT技术引领人，从2010年开始，杨道国创造性地提出以二维高分辨技术为代表的目标识别新技术，围绕新一代武器应用背景，开展了基于相控阵技术的新型复合DYT技术研究，掌握了二维高分辨率雷达DYT的总体设计、测试、制造和试验技术，储备了编队目标选择技术、SAR成像技术、基于SAR成像的目标识别技术，推动了DYT目标成像技术的发展，为开展某型复合DYT研制奠定了技术基础。

其个人2011年被评为中国航天科技集团公司"十一五"技术创新先进个人。

在担任三个二维高分辨DYT技术预研项目负责人时，杨道国带领团队突破了基于相控阵的多目标搜索、分辨和跟踪技术，提高了DYT的搜索跟踪性能、多目标选择和抗干扰能力，突破了二维高分辨的目标检测和跟踪技术，解决了某类视角下的目标成像问题，培育了以目标识别为代表的核心技术。

粗茶淡饭三十年，奉献航天无怨悔

30多年来，杨道国始终站在雷达DYT技术研究前沿，突破了一项又一项关键技术。他就像一艘破冰船，只要确定了方向，就会义无反顾地一次次破除坚冰、坚定前行。

30多年来，以前离职的同事有的发财了，资产上千万；有的升职了，担任企业高管……而这一切对杨道国似乎丝毫没有诱惑和影响。他在一个三线起家的DYT专业研究所里，兢兢业业、默默奉献。

30多年来，他不抽烟，不喝酒，不打牌，不K歌，几乎没有休过探亲假和年休假。从一个哈工大的青

杨道国于2018年12月底参加某DYT挂飞试验时与飞机平台合影

春少年，到如今研究所的专业领军人物，虽是华发渐生，却依旧心有沧澜；家里与办公室的两点一线，却绘出了璀璨的人生蓝图。

30多年来，走了一拨又一拨人，但总有人留了下来，选择坚守。在杨道国的身边，慢慢地团结起一支人马：他们有的也放弃了巨头企业高薪，放弃了回到家乡企业以方便照顾亲人，放弃了一个又一个夜晚或假期……他们某个人的学历、专业成就或许都如同他们自嘲般"不值一提"，但是当他们团结在一起，前面所述的成就，就一项项实现，前面所提的挑战，就一个个胜出。作为研究所DYT专业骨血的传承者，杨道国无疑是这个团队的核心之一。其先后培养了10名工程硕士和2名博士后人员，与大家一道努力共创雷达DYT事业的美好未来。

一位年轻的部门领导说："杨总教给我们的不光是技术上的钻研，更多的是初心上的坚守。"当问到杨道国是否后悔没有在20多年前离职下海，他心平气和地说："哈工大圆了我的求学梦，给了我筑梦的本领和信念；而航天，成就了我的人生，圆了我的事业梦。在航天30多年，我无怨无悔，真心话。"

在杨道国的办公桌上，放着厚厚的《弹载合成孔径雷达制导及其关键技术》等科技前沿书籍。他说自己已经50多岁了，学学新知识，掌握专业未来研制方向，才能在雷达DYT研制过程中不落伍，才能使研制队伍水平不掉队，单位才能蒸蒸日上，雷达DYT这份事业才能砥砺前行，而这一切，对得起培养自己的学校、单位、国家，也对得起自己的那份初心。

邓毅学

哈工大人在四川　HAGONGDA REN ZAI SICHUAN

HARBIN
INSTITUTE
OF TECHNOLOGY

邓毅学，毕业于哈尔滨工业大学材料科学与工程学院，高分子材料专业，工程学士。1993年毕业后进入四川航天技术研究院，开启长达27年的航天人生涯。先后任四川航天技术研究院燎原无线电厂塑胶车间技术员、技术主管、成都航天模塑股份有限公司车间主任、工程塑胶开发中心主任（兼）、模具中心主任、总经理助理、副总经理兼重庆八菱汽车配件有限责任公司总经理、成都航天模塑股份有限公司总经理。曾获中国航天科技集团公司"航天创新奖"等荣誉称号。

坚毅笃学　才能"功夫到家"

——记成都航天模塑股份有限公司总经理*邓毅学*

吃得苦中苦，方为人上人

邓毅学，1970年出生于重庆大足的偏远农村，兄弟姐妹4人。作为农家子弟，从小他便深感父母养育子女的不易，也明白未来的人生"一切都要靠自己"。农村的孩子早当家，每天放学后他都会帮助父母干农活。尽管如此，他也从未放弃追求学业，自小名列前茅的他顺利考上了哈尔滨工业大学。

"当你吃过苦，经历过，感受过，就不觉得那是个事了，而是人生的历练和财富。" 回忆学生时代，邓毅学说，"上大学那会儿，通信和交通不发达，临近开学没多久才收到大学录取通知书，一个人就背着装粮食的大编织袋匆匆忙忙赶往学校。从家里坐了1天左右的车到达重庆，再坐3天4夜火车到北京，又转车1天1夜到哈尔滨，辗转早上6点左右终于到了学校。"那是他第一次出远门，带着父辈的期望，还有自己"走出大山"的梦想。

1993年毕业后，邓毅学被分配到了掩藏在大山深处的航天七院062

三线基地，从做装配等最基础的工作干起。邓毅学身上有着哈工大人"规格严格，功夫到家"的精神，就是"实干且喜欢钻研"，这让他毕业后迅速成为厂里为数不多的青年骨干。那时候，为了了解一项工艺，他一个上午站在设备旁边，观察设备的特性、效率、产出、质量……亲自测试设备参数，对设备各项指标做到了了如指掌，这也为他后来走上管理岗位打下了基础。

在山沟里，条件艰苦，生活枯燥，邓毅学坚守着哈工大人坚忍不拔的品格和吃苦耐劳的精神，与其他为航天事业留守的三线人一样，过着艰苦朴素的生活。那几年，邓毅学对哈工大校训、对航天传统精神有了更深刻的认识，"自力更生、艰苦奋斗、大力协同、无私奉献、严谨务实、勇于攀登"的航天传统精神让他感受到自己身上肩负的责任感和使命感。

坚毅笃学，才能"功夫到家"

戴个眼镜，喜欢穿衬衣，在他的身上有传统理工男的印记，但更多的是让人意想不到的沉稳与博学。如果要用一个词来形容，那可能就要取用他的名字——毅学，坚毅笃学。

说到学习，他坦言："也没有什么特别的想法，就是好奇心重，爱瞎琢磨。"在邓毅学的办公室书柜上，陈列着哲学、传记、历史、商业等各类书籍，他既读杰克·韦尔奇等企业家的传记，也读《资本论》等名著。工作后，他对学习的理解更为深刻，邓毅学说："比学习更重要的是思考，只有把知识融会贯通，才能变为自己的智慧。"

如果说从 1993 年毕业后进入航天七院燎原无线电厂塑胶车间当技术员到技术主管、再到模具中心主任、总经理助理、副总经理是邓毅学职业生涯的成长期，那么 2009 年兼任重庆八菱汽车配件有限责任公司（简称"重庆八菱"）总经理则是他的历练期。那时候的重庆八菱正处于爬坡阶段，24 小时连轴转，在生产一线办公对邓毅学而言是常事。"经历多了，自然就会成长。"邓毅学轻描淡写的一句话，深藏了太多的艰辛。面临来自市场、生产、质量、安全、管理等各方面压力，他没有退缩，在团队的共同努力下，2009 年—2014 年间重庆八菱实现销售收入翻两番。

从一个小小的技术员，到后来走上管理岗位，邓毅学从未放弃专业方向的"深耕细作"，以哈工大人惯有的高标准、严要求的价值追求带领团队不断攻克技术难关，做到精细、精准、精明、精益求精，使公司实现了搪塑发泡技术从无到有的突破，实现了从汽车中小零部件到大总成产品的技术飞跃，门板、仪表板部分工艺技术已处于国内领先地位。

"成功没有诀窍，就是坚持，干事业要很用心，干一行爱一行；只有真正地做到对自己的工作了如指掌，做到'功夫到家'，才能真正出彩。"哈工大校训一直指引着他不断开拓进取。

敏锐担当，"一把手"并不那么好当

"返回第 3 页，这个数据不对……下去再核一下……"这样的场景在工作中常常出现，邓毅学对数据有着异于常人的敏感。他从小就喜欢观察分析，逐渐锻炼出了在一堆繁杂的事物中快速发现问题的能力。邓毅学感慨："作为航天民品企业，在市场上闯荡如履薄冰，真的不容易，公司的每一分钱都是踏踏实实挣出来的，不能在我的手里浪费掉……"

对于完全市场竞争化的企业而言，既要有敏锐的市场触觉，又要有对行业发展趋势的精准预判。2011年，邓毅学敏锐地洞察到中国汽车行业发展大趋势，确立了"紧跟长安公司发展步伐"的市场拓展思路，主导引进乘用车保险杠机器人喷涂及Mucell微发泡注塑成型技术，该技术通过了重庆市科学技术委员会专家组鉴定，成为乘用车轻量化研究和应用的标杆。

对于市场开拓，邓毅学有他的理解："市场就是不断挖掘客户潜在的需求。形势好的时候要看到危机，困难的时候要看到机会。"随着行业发展，航天模塑坚持市场升级拉动战略，通过差异竞争提升市场渗透力，为客户提供最优产品解决方案。在他的带领下，公司已发展成为在东北、华北、华中、华东、华南、西南六大汽车产业基地15个城市拥有22家分（子）公司的企业集团，2018年创收32亿元，并成功纳入成都市首批总部企业和成都市军民融合企业名单。

航天模塑是四川航天民用产业的排头企业，身为总经理的邓毅学始终牢记"发展航天事业，建设航天强国"的历史使命，大力倡导"奋斗者文化"，因为在他的身上肩负着公司上下近5 000名员工的立身谋业的责任。"如果是自己家里的事，你会怎么做？"他常常以此自问。谈到使命担当，他认为"面对国家、面对社会、面对员工、面对股东，都不可忘记'责任'二字，忘记责任，忘记初心，我们就会迷失方向"。

说到以后，邓毅学表示，对他而言，就是继续践行哈工大"规格严格，功夫到家"的校训，牢记公司"振兴汽车零部件产业，造福奋斗者美好生活"的使命，把航天模塑创建成为国际一流汽车部件公司。

哈工大人在四川 王隽峰
HAGONGDA REN ZAI SICHUAN

王隽峰，汉族，1975年8月出生于四川省乐山市，1994年就读于哈尔滨工业大学机电学院，2001年就读于美国南加州大学电子工程系。现任中国信息系统集成与服务联盟智能制造专委会副秘书长、产业金融协同创新研究院副院长、炬联智能科技有限公司副总经理、四川省财政厅政府采购评审专家等，曾先后担任国家互联网应急处置中心下属长安通信科技西南大区总经理、航天科工四川航天云网有限公司智能制造/工业大数据业务总监、广东省电信规划设计院副院长等职务。

与哈工大再续前缘的"创业老兵"

——记成都炬联智能科技有限公司副总经理 王隽峰

一、与哈工大的不解之缘

1994年7月,作为四川省乐山市一所省重点中学的学习尖子,王隽峰踌躇满志地参加了当年的高考,而他填报的志愿,却是该中学从来就无人考取过的清华大学。在他的心中,早已经树立了考取清华大学的目标,为了这个"宏伟"的目标,他付出了十二年日复一日的不懈努力,希望在这一年的高考中实现自己的夙愿,一举拿下这块高地。然而,天道酬勤并非是老天给所有人的承诺,因为十几分之差,王隽峰与自己梦中的清华大学失之交臂!对这样一个结果,他久久地看着窗外,欲哭无泪,心有不甘,甚至已经下定决心,要从头再来。

他在万念俱灰的时候,却意外地收到了一份来自哈尔滨工业大学的挂号信,打开一看,赫然是一份录取通知书!他记得填报志愿的时候,随意地把哈工大放在了第二志愿,而当清华大学对他关上了大门的同时,哈尔滨工业大学却一刻也没有耽搁地给他寄去了些许的温暖,他那时候想,也许,这就是缘分吧。而这个缘分,却从他的懵懂时光,曲曲折折地一直持续到了不惑之年。

远离繁华的天府之国，只身来到遥远的冰城，这对于一个从未远离故土的少年来说并非是一件容易的事情，生活和学业从此都得完全靠自己。凭着内心的倔强，王隽峰在哈工大的象牙塔里延续了之前的斗志和努力，从大一开始，就心无旁骛地投身到大学的学习生活之中，在哈工大的这段最美好的时光中，几乎都是宿舍—教室—食堂三点一线的周而复始。总算是皇天不负有心人，在大学本科阶段，王隽峰无论是在基础课还是在专业课的学习中，都取得了让人羡慕的成绩，几乎年年综合测评都排在全系的前三，在大学的最后一年，以全系第一的成绩获得了保送研究生的资格，并顺利地师从当时的机器人研究所王树国所长，在哈工大机器人研究所开始了为期两年的硕士研究生学习。

美好的时光总是短暂的，在哈工大的六年时光如弹指一挥间。在那一届的毕业生中，王隽峰的不少同学都进入了国内知名的大型企业工作，把在大学所学的专业知识应用到了工作当中。由于研究生期间学习、研究的内容是机器人语音识别，这个领域与计算机软件打交道的地方颇多，再加上父亲的期许，王隽峰在毕业之后选择了去美国南加州大学电子工程系计算机网络专业学习。从他迈出国门的第一天，到此后的近十年时间，王隽峰与哈工大，与哈工大的同学、校友之间的关联似乎完全中断了。

二、游离于哈工大之外的漂泊

2001年的夏天，王隽峰暂时告别了亲切的故土，前往美利坚那片陌生的土地。在那里，从体制、文化到生活习惯，与国内都有着太大的差别。

好在，南加州大学那极富人文和学术魅力的环境和有着一千多人规模的中国留学生群体，快速抚慰了王隽峰面对未知世界的那颗不安和茫然的心。在这里，他收获了友谊，也极大地提升了自己的能力，开阔了科技的视野，在信息通信技术领域有了一技之长。

在美国的学习生活是丰富多彩的，却又是短暂的。2003年，王隽峰获得了美国南加州大学电子工程硕士学位（第二硕士学位），回到了国内。那个时候，国内的信息通信网络建设正值发展高峰，网络通信基础设施建设规模巨大，又有不断出现的新技术需要在实际建设之中进行摸索和验证，对该领域的高端技术人才求贤若渴。正是在这样一个背景下，王隽峰加入了中国电信旗下的设计板块龙头企业——广东省电信规划设计院，作为一名网络设计工程师，开始了他在进行得如火如荼的通信大建设中的绚烂历程。

俗话说，机会是留给有准备的人的，这话一点都没错。凭借在美国高等学府深入学习培养的格局、视野和知识结构，以及哈工大"规格严格，功夫到家"校训的熏陶，王隽峰在广东省电信规划设计院如鱼得水，工作仅一年之后，就有幸作为项目总负责人，深入参与了诸如"中国电信软交换试商用网""中国电信骨干软交换网"等一批重大项目，其中，"中国电信骨干软交换网"项目，还获得了住建部国家级优秀设计银奖的殊荣。经过这些项目和管理的历练，王隽峰很快成为广东省电信规划设计院在"下一代通信网"领域的权威专家，长期支撑中国电信集团总部的相关技术规划和设计，获得了大小各类奖励荣誉，甚至还受邀为国内顶级的通信设备制造商提供大型培训。

2008年是一个夹杂着幸福和不幸的年度，而就在这一年，王隽峰怀着无比复杂的心情回到了家乡四川。这一年，他的掌上明珠来到了这个世界；这一年，奥运会第一次在中国举办；这一年，王隽峰开始了他在广东省电信规划设计院成都分院担任管理职务的经历；而也是这一年，5月12日的大地震陡然发生，无数四川人的生命戛然而止。这一年是死亡与新生的交叠，也是他职业生涯从纯技术到管理的转折点。四川是广东省电信规划设计院业务较弱的区域，王隽峰为了打开局面，可谓是用尽了九牛二虎之力，独自在陌生而又熟悉的成都打拼，直到一个偶然的机会，与哈工大四川校友会接上了头。

三、与哈工大的前缘再续

一个偶然的机会，广东省电信规划设计院成都分院重庆办事处的一个员工，也是哈工大的校友，在得知王隽峰从广州总部回到四川成都工作的时候，第一时间向王隽峰推荐了哈工大四川校友会的熊伟校友。哈工大这个声音，在王隽峰将近10年的海外及广州的生活中，出现频率并不高，只是偶尔还能在梦里想起。而时隔近十年，一个偶然的插曲，竟然又再次拨动了那根缘分的琴弦！

接下来的八年时光里，王隽峰仍然在通信行业中开拓业务，但这八年他不是孤单的，因为在情绪低落的时候有校友聚会，在业务拓展无门的时候有校友的积极相助。校友这个圈子，从各个方面都在吸引着王隽峰向它靠近，虽然每天只是那么一点点。终于，在2016年的一天，王隽峰毅然加入了哈工大校友云集的航天系统——航天科工集团这个大家庭，这不但让他在情感上得到了慰藉，视野范围也得到了极大的扩展。在校友会这个大家庭中，受到走在前面的校友的鼓励和影响，在2018年，王隽峰终于做出了他一直想做而又迟迟不敢做出的决定——创业！

四、投身创业大潮，成为"创业老兵"

2018年是国家大力鼓励"双创"的一年，无数有志青年都投身到创业大潮之中。这一年，王隽峰迎来了自己的第43个春秋。一个跨入不惑之年、从未在民营企业工作过的人，突然抛开体制带来的安全感，投身到创业浪潮中，难度可想而知，这也是需要莫大的勇气的。

一开始，王隽峰的策略还是相对偏保守的，依靠"借船出海"的思路，借着与某资本管理公司合作打造基于物联网 / 大数据技术的工业互联网平台的机会，他与几个专业能力非常互补的校友一道开始了他自认为较高起点的创业生涯。然而，美好未来的实现从来都不是一帆风顺的，正当这个怀揣着梦想的校友创业团队开始憧憬未来时，却被突如其来的变故给打击蒙了，彻底的透心凉。因为某种特殊原因，合作方突然偃旗息鼓，停止了即将开始的合作！面对这突然的变故，王隽峰和他的团队内校友们面临着艰难的选择：一个是义无反顾地继续走下去，没有条件创造条件，去实现自己的梦想；一个是就此打住，重拾老路——重新找个公司打工。

然而，结果是幸运的，巨大的压力并未击垮这个创业团队，他们仍然义无反顾地成立了自己的公司——成都炬联智能科技有限公司，在激烈竞争的市场中找到了自己的定位。纵观两化融合领域的竞争格局，横向做大平台大整合的公司，纵向聚焦于某个细分领域的公司，都已经在竞争中形成自己的先发优势，而要想在夹缝中求生存，就必须要构建综合资源竞争门槛。所以，王隽峰和他的团队一开始就从横向构建通用平台+垂直领域深耕细作这个大框架入手，以专业领域的全过程数据来驱动垂直领域的工艺优化，并推动通用平台在垂直领域的深度融合应用。基于这样一个框架，他们开始在智慧环保、智慧养殖、机器人智慧运营等领域开始了布局和深耕细作。目前，已经在进行的包括"特种机器人智慧运营管理平台""某数字化养猪项目"等几个方向上的典型项目，他们还逐步在这些项目的基础上提炼出一些有市场竞争力的软、硬件产品。

要想在惊涛骇浪中扬帆前行，必须要有足够的前瞻性和系统性思维能力，并能将思路和计划尽全力付诸实施。在"双创"的背景下，要想在众多的竞争者中脱颖而出，仅仅停留在单个项目或者运营公司的层面上是远远不够的，所以，这个并不年轻的创业团队，又开始了整合资源的征程，通过各自的人脉和产业资源，借助哈工大这个资源大平台，把产业基金、产业研究院和运营公司紧紧地捆绑在一起，相互借力，共同实现相关产业机会的系统性推进，从而实现价值的最大化和提升竞争的资源壁垒。

目前，这个团队已经按照这个思路又向前迈进了一步，尽管他们要实现自己的目标还有很长一段路要走，而前路也充满着艰险与困苦，但是作为"创业老兵"的他们，已经不像以年轻为资本的青年创业者们那样有那么多试错的机会了，他们只能咬着牙,坚定不移地在这条"不归路"

上一往无前地走下去。作为团队成员之一的王隽峰，似乎也在不惑之年找到了自己的方向。自己选择的路，即使再苦再累，也会坚持不懈地一直努力下去。

"白发三千丈，缘愁似个长。不知明镜里，何处得秋霜。"偶尔，在镜子面前的王隽峰，看着自己渐白的两鬓，也许会发出几声唏嘘，但是，眼光中透露出的却是一份坚毅，他坚信自己是幸运的，因为他的身后有哈工大，有哈工大的校友和团队，这些都将是他一生最大的财富。

彭复建

哈工大人在四川 HAGONGDA REN ZAI SICHUAN

HARBIN INSTITUTE OF TECHNOLOGY

  彭复建，汉族，1979年出生于重庆忠县，1997年至2001年就读于哈尔滨工业大学建工系土木工程专业。历经国企、民企、创业等，现任四川北新大弘集团副总裁，广元大瑞农业发展有限公司董事长。

从忠义之城走出的实干者

——记四川北新大弘集团副总裁彭复建

一、忠义之城传忠义

从重庆朝天门码头沿长江而下，江水悠悠，行约240千米，就到了全国唯一以"忠"命名的州县城市——忠县。

巴蔓子，古巴国忠州（今忠县）人。东周末期，巴蔓子以头留城、忠信两全在巴渝大地传颂。唐太宗为表彰巴蔓子忠义，于是以忠赐名，忠州之名由此得来，忠义之城从此声名远播。对土生土长的忠县人而言，忠义精神世代相传，深深根植于血统。

20世纪末期，由于忠县资源禀赋不具优势，虽临长江黄金水道，但经济并不发达，人民生活水平也不高。认真读书，去外面的世界闯一闯，仍是大多数少年和他们的家人心中最理想的出路。

从县城出发，沿着约15千米的崎岖山路到山顶，山顶有个终年云雾缭绕却物产丰富的乡村——丰收乡，彭复建就在这里长大。彭复建在家排行老二，虽是幺儿，但父母希望他勤奋踏实、学有所成，对他一直要求甚高、管教严格。他也不负父母所望，从小兴趣广泛，尤爱读书，不论课堂内外的书，哪怕是高年级的教科书，只要能够拿到，他都来者不拒，兴致盎然。因成绩优秀，勤奋钻研，性格又活泼开朗，他颇得老师重视、同学喜爱。

二、哈工大勤苦学

1997年6月高中毕业后，彭复建如愿考上哈尔滨工业大学。彼时，带着厚重的行囊，经过轮船、汽车和绿皮火车的轮换，70多个小时的颠簸，在首次离家3 000千米后，他终于到达学校。当哈工大古朴、厚重、严谨的气息扑面而来时，身体的疲倦被内心的雀跃所替代，少年欢欣鼓舞，很快融入了这所大学，儿时的梦想在这里开始插上翅膀。

哈工大的校训是"规格严格，功夫到家"，朴实无华、简单直白的八个字，体现了过程管理和目标管理相结合的思想。规格严格，首先要有"规格"，其次要"严格"遵守；功夫到家，一是要肯下功夫，二是功夫要下到点子上。无论是在教室苦学，在绿茵场上驰骋，在图书馆徜徉书海，还是三两好友秉烛夜谈或高声辩论，彭复建回忆说，哈工大凝聚着许多学子最美的青春。在哈工大的求学岁月，对他日后的人生轨迹和职场生涯都产生了深刻而久远的影响。儿时父母对他的高标准和严要求与哈工大"规格严格，功夫到家"的校训不谋而合，对家训和校训的坚守，让他养成了踏实勤奋、雷厉风行、干一行必爱一行、钻一行必精一行的做事风格。

本科毕业，在几份不错的offer（录用信）和读研深造之间，彭复建毅然选择了继续求学之路。在当时，很多人优先选择就业，他的选择让人难以理解。对此，彭复建有自己的职业规划，他坚信磨刀不误砍柴工，为行更远站更高、看更全看更深，他愿意"再迟几年"。

三、十一年坚守初出炉

2005年，彭复建研究生毕业后，凭借着优秀的综合素质，过五关斩六将，成为当年成都一家大型国企在全国范围内遴选的七名管培生之一。

初入职场，心潮澎湃，雄心勃勃，勤劳肯干，他的工作能力很快得到了领导的赏识。八个月后，他撰写的多篇关于行业发展情况的深度分析报告，以精准的市场分析和独到的见解得到集团的高度重视和认可，他被破格提拔，成为集团最年轻的高管。

上任伊始，彭复建主要负责组建户外广告公司；从零开始，搭建核心经营团队，通过并购、合作等多种方式扩大和吸收优秀媒介资源。从2006到2010年，在此任职期间，经过五年筚路蓝缕以启山林的艰辛经营，广告公司不仅实现了从无到有的发展，还发展成为一家拥有媒体资源的市场价值过亿、销售额过亿、利润超千万的广告业新星，不仅在西部地区领先竞争对手，在全国范围内也成为知名的户外媒体综合运营商。

2011年，为全面贯彻中共四川省委、省政府构建"西部金融中心"和"西部电子商务高地"的目标，落实成都市委、市政府提出的关于加快现代服务业建设的总体部署，集团发起成立四川省首家大宗交易电子平台，彭复建被任命为该电子交易平台的组建人。

接到集团指令后，彭复建带领团队开始了紧锣密鼓的筹备工作。为发挥四川地区的资源禀赋，充分服务区域市场进而走向全国，大宗交易电子平台创立之初以农副产品和矿产品为主要交易对象，以价格发现和价值预见为主要功能。大宗电子交易平台第一个交易品种为生猪，这是彭复建和团队经过深思熟虑和反复比较后做出的决定。四川是我国生猪输出大省，有"川猪安天下"之称，长期以来四川生猪存出栏量及肉类产量均居全国第一。但是川内并没有生猪大宗交易平台，在一定程度导致出现了生猪价格不稳定、产量缩减、市场化程度不高等问题。通过电子交易平台的价格发现和价值预见，可减少价格波动对养殖户收入和产业链上下游群体利益的损伤，稳定和提高生猪出栏量，提升生猪养殖、加工、销售的市场化程度，因此建立生猪大宗交易平台是市场和广大养殖户的迫切需要，势在必行。为拓展大宗交易品种，深耕本地和积极服务三农，彭复建通过挖掘本地农副产品资源，探索建立起茶叶、苦荞等地域特色农产品大宗交易准入机制和交易规则等。2011年11月30日，大宗电子交易平台正式运行。功夫不负有心人，开业当天，生猪交易额突破1 000万元。同年，大宗电子交易平台发展盛况被《成都日报》评选为2011年度成都十大经济新闻。

在国企11年的职业生涯中，彭复建从初出茅庐的管培生，到成为一个成熟的职业经理人，每一步都稳扎稳打、踏踏实实，他以常人难以想象的努力和坚持赢得了集团上下的高度认可。但思及此，彭复建并不满足，他渴望发现崭新的领域，渴望在更广阔的天地施展才华。

四、不惑之年再起航

2016年，彭复建毅然从国企辞职，前往民营企业任职。"在我看来，最大的稳定和确定，是始终居安思危，敢于变革，敢于付出。"回忆起从国企辞职的经历，彭复建说，只要认定的事情，他就会用百分之百的努力去做。虽然辞掉待遇优厚和风险可控的国企高管去一家民企，在一般人看来颇有几分匪夷所思，但在彭复建看来："我希望通过对多个行业、多个领域的精深了解和把控，为投身一份更有价值的事业积蓄力量。"同时，他也是个眼光长远、当断则断、绝不拖拉的人。

农家子弟，始终忘不了养育自己的土地以及勤劳的乡亲。中国40年的改革开放历程是伴随着商品化和城镇化同时进行的。40年的发展带来了物质的极大丰富，建成了一个又一个比肩欧美的现代化城市。可是在中国城市接近欧美的同时，中国的乡村却跟发达国家的乡村相差甚远。

农家子弟出身的彭复建，眼见农村之现状，迫切地想要为农村父老的农家大计做一些有意义的事情。

目前，彭复建投身农产品专业市场领域，想要为农产品流通和农产品品牌建立做出贡献。时至今日，其所在企业已在川渝地区投入兴建农产品批发市场十余个，形成了网状流通体系。自古蜀道难，川渝物产丰富，但进入市场形成品牌和通过输出农产品改善家乡父老生活的并不多。2018年8月，彭复建所在企业与广元市政府达成战略合作协议，投资建设川陕甘国际农产品（物流）批发交易中心，彭复建出任该公司董事长一职。川陕甘国际农产品（物流）批发交易中心对广元发展具有重要意义，不仅有利于提高农产品流通体系建设水平，完善城市功能，提升城市品质，进一步拉动项目投资，带动群众就业，还为积极响应四川省委关于广元"加快建设川陕甘接合部区域中心城市和北向东出桥头堡，助力一干多支"发展战略做出贡献。

作为一个民生工程的操盘手，彭复建牢牢把握民生底线，多次坦言这个项目将是自己职业生涯中一个非常重要的里程碑，务必要将其打造成一个繁荣工程、惠民工程和安全工程。

三十而立，四十而不惑。

走过山高水长，看过风起云涌。2019年，彭复建迎来了自己的不惑之年。不惑是内心愈加坚定和包容，不惑是眼界更加开拓和清明，不惑是行事更加沉稳和从容。对彭复建而言，身处不惑之年的他，将继续做一个脚踏实地兢兢业业的实干者，以更加谦卑和严谨的心态去打造自己的人生名片，将哈工大校训精神践行到底。

张 华
哈工大人在四川
HAGONGDA REN ZAI SICHUAN

HARBIN INSTITUTE OF TECHNOLOGY

张华，重庆云阳人，1981年出生，2000年以优异的成绩考入哈尔滨工业大学航天学院（前三年在实验学院培养），2006年获航天学院控制科学与工程系导航制导与控制专业工学硕士学位。现任中国航天科技集团有限公司四川航天技术研究院（以下简称航天科技七院）型号副总设计师，研究员。历任航天科技七院总体设计部控制与仿真室副主任、主任及航天科技七院型号总设计师助理等职务。经过十余年的担当奋斗，他已快速成长为型号战线上的骨干中坚和航天科技七院制导控制专业的领军人物，曾荣获中国航天科技集团公司航天贡献奖、第九届四川航天十大杰出青年等荣誉称号。

奋斗青春铸就航天型号中坚

——记四川航天技术研究院型号副总设计师 张华

缘定冰城，逐梦丁香校园

张华出生于大巴山脉临近长江三峡的一个小山村，不常有雪。每逢严冬，他便特别期待一个千里冰封、万里雪飘的世界，打开门，纷纷扬扬的鹅雪翩跹，远山的山顶上皑皑一片，灰白的山脊线切开天空与大山，雕刻着冬天的别致之美，而家乡不常有这莽莽雪景。黑白电视每天都会播报各地天气预报，哈尔滨的低温和黑白色的雪景恰如一个圣洁而冷艳的神女，给张华施加了无名魔法，使他内心怀揣着想一睹冰城哈尔滨风采的美好夙愿。填写高考志愿时，令人眼花缭乱的大学始终无法动摇哈尔滨工业大学的主心骨地位。天遂人愿，丁香的馥郁真切地在眼前沁人心脾，他以优异的成绩考入实验学院，与来自全国各地的莘莘学子一道勤学苦练，如上了发条的机器人一般辗转于新楼、主楼、机械楼、红楼、二公寓、食堂、图书馆之间。实验学院实行创新学习机制，若要顺利通过三年学习获得免试硕士资格，仍然需要付出极大努力。艰难困苦，玉汝于成。他不仅以高分通过英语六级考试，还将在理工科的优势发挥得淋漓尽致，因此同学们赋予了他一个"逢理必优"的绰号，他还多次以优秀的成绩荣获奖学金，除此之外，他与同学团结协作开展软硬件实物设计以解决实际问题的科研项目，因此获取的创新学分成为他顺利通过实验学院考核、成为航天学院控制科学与工程系马广富教授的硕士研究生的通关文牒。政治面貌方面，他在大二以突出优异的表现光荣地加入了中国共产党。两年的硕士学习期间，张华在马老师及博士师兄师姐的悉心指导下，开展了卫星姿态与轨道控制的专业研究并顺利毕业，毕业典礼时，身着学位服的他与两院院士刘永坦的合影进一步坚定了他投身我国航天事业建设的信心。春夏花红柳绿，丁香校园花瓣紫；秋冬落叶飘雪，羽绒军勾茫茫白。在母校六年的质朴学习生活，为他的人生大厦铺就了牢固的础石，尤其是"规格严格，功夫到家"的校训如灯塔一般指引着他在通往成功彼岸的海上航行。校训培育了他严慎细实的作风以及吃透技术精益求精的执着精神，这是一笔值得一生珍藏的精神财富。

青春无悔，扎根四川航天

2006年7月，张华从哈尔滨工业大学毕业进入四川航天研发中心（航天科技七院总体设计部前身）工作，并一直在一线从事专业技术研究及产品开发。入职伊始，四川航天正处于战略转型升级的快速发展阶段，他便先后深度参与并具体负责了仿真试验室一共三期的建设任务。因试验室建设资金规模较大，且无法通过技改筹措资金，完全是七院自筹，因此如何确保"又好又快又省"地完成任务，是摆在他面前的一道难题。在老主任的带领下，他们一起跑遍国内专业设备厂家，在不断吸收消化各家优缺点的基础上，结合实际应用需要，最终形成了一整套实用且性价比极高的系统建设方案。其间，母校哈尔滨工业大学惯导中心实验室团队给予了他们大力支持，深化了校企合作。他带领团队在项目实施过程中不放过任何一个细节，专业技术涉及机械电气、强电弱电、高精度伺服控制、实时软件系统及通信网络、光学、检验校准等众多领域，从系统架构及各类专业仿真设备的方案、工艺及实施交付，到厂房建设、系统调试、试运行及最终交付使用，他都计划、质量、技术一把抓，从第一期建设的初出茅庐，到第二期建设的独当一面，再到第三期建设的运筹帷幄，他激情奉献青春，团结项目成员，最终顺利完成建设任务。成果不仅在同类实验室中指标国内领先，而且有效控制成本，截至目前已高负荷稳定运行十余年，为七院近二十个重点项目的研制推进和技术突破提供了有力的试验条件保障，他个人通过本项目的淬炼，不仅更加透彻地掌握了技术，而且沟通交流能力有了明显的增强，迅速成长为一名兼具技术和管理能力的骨干人才，并成为七院该领域的专家。

2010年，他开始担任七院总体设计部（简称七部）四室主任助理，协助领导分管相关项目，并因工作需要，具体负责载人航天货运飞船某机电热一体化的全新设备研制。该设备要求极高，既要保证高性能，还要保证高安全性、高可靠性以及高产品质量，不仅国内没有先例，而且国外参考资料也十分有限。当别人都觉得这难以做到的时候，张华却迎难而上，主动学习，虚心请教，带领团队攻坚克难，花费近3年时间不断调研尝试新方案、新材料、新工艺，通过大量的样机试验验证，正所谓"有志者，事竟成，百二秦关终属楚；苦心人，天不负，三千越甲可吞吴"，他最终采到了高岭上的成功之花。他攻克了一系列关键技术，产品随货运飞船首飞并顺利通过在轨测试，不仅为七院创造了经济效益，而且在宇航分系统设计领域也逐渐提高了七院的政治影响力。那几年夙兴夜寐、焚膏继晷的生活，让一个初出茅庐的青年蜕变成一个已近不惑之年、青丝染霜的中年人，高强度的工作使他一度想要放弃，但神圣的使命感和强烈的责任心促使他咬定青山不放松，只要有心，办法总比困难多，最终结果也证明坚持就是胜利，奋斗的青春最美丽。

2014年，张华担任七院七部四室主任，全面负责控制系统及仿真专业，在此期间，他系统思考，凝练总结，规范管理，向国内先进单位学习，进一步将专业领域发展壮大。作为总体部核心专业之一，控制系统的强弱直接影响了总体部能力的强弱，因此，他深感肩上责任之重，他在心里告诉自己："我定不辱使命。"张华带领全室人员群策群力，充分总结凝练传统经验和专业方法，将其进一步规范化，为总体快速构型能力提供有力支撑，同时在几个硬骨头新项目上狠下功夫，解开墨守成规的束缚，革新方式方法，将新思路新方法和型号研制所需的"严慎细实透"有效结合。最终他们成功攻克关键技术，通过了试验验证，解决了相关难题，尤其是有几项技术属于国内领先，给用户交上了一份满意答卷，并给用户留下了深刻的印象。

专业专注，助力快速成长

2015年至今，他先后担任航天科技七院几个型号的总设计师助理、副总设计师，虽然他当时是同级技术领导干部中最年轻的，但过硬的技术基础以及踏实的工作作风让他所承担的任务都是影响七院转型发展的重点项目，涉及资金投入上亿元。几个项目涉及众多关键技术，通过数年的攻坚克难，关键技术均已突破，为市场开拓奠定了坚实的技术基础，几个项目均有了非常明朗的市场应用前景。在此期间，他在型号两总的具体指导下，主动作为，组织队伍开展关键技术研究、总体方案论证、详细设计、产品试制、各类试验验证、数据分析等工作，以专业专注、严谨细致、求真务实、无私奉献的作风感染着团队的每一个人，打破砂锅问到底、要求近乎完美、不放过任何一个细节是同事对他在技术工作中的评价，兢兢业业、深入一线是同事对他工作态度的评价，正是这种孜孜不倦的求知求真精神，促使他在几年的技术研究及型号研制过程中得到了深度锻炼，成长迅速，真正成为七院型号开发的骨干中坚，并作为七院科技委制导控制专业组副组长承担起七院控制专业发展重任。虽然他的事业取得了长足进步，但是他说道："山外有山，人外有人，知识无疆界，现在的技术能力及管理能力离岗位需要还有很大差距，既要不断积累总结经验，还要不断学习新方法新知识，越是深入学习，越是感觉知识不够用，也只有持续学习才能与时俱进，长远发展。"此外，他还先后代表七院参加航天科技集团公司组织的赴德国仿真专业培训、国际空间大学澳大利亚暑期班学习，站在全球视野扩展知识面，并2次参加集团公司组织的中青年型号两总专项培训，助力快速成长。

江山代有才人出，作为航天国防事业摇篮培育的哈工大人，张华作为四川航天青年一代代表，始终践行"规格严格，功夫到家"的校训，正在为也必将持续为国防事业、航天事业做出更多更大的贡献。他说道："我们这一代大学生享受着改革开放的红利，有幸得到了母校的精心栽培，有幸能够在国家大力发展航天、发展国防的大环境下大展身手，与航天先驱相比，我们是何其幸运？充分发扬老一辈航天人爱国敬业的精神和实事求是不断探索的科学态度，站在前人肩膀上为单位、为国家做出更大贡献，我们责无旁贷。"

哈工大人 **在四川**

王立闻
HAGONGDA REN ZAI SICHUAN

HARBIN INSTITUTE OF TECHNOLOGY

　　王立闻，男，出生于1983年2月，2011年4月毕业于哈尔滨工业大学固体力学专业，工学博士，中共党员，现就职于中国东方电气集团有限公司中央研究院机械系统与智能制造技术研究室，主任研究员、高级工程师，东方电气第一届青年科技拔尖人才，集团劳动模范。主要从事核电、风电、新能源领域的技术研发，是一名求真务实的研发者。支撑"863"项目、集团重大专项、省科技厅项目、实验室建设项目等20余项。

求真务实搞研发　奋勇争先求创新

——记中国东方电气集团中央研究院主任研究员王立闻

百年，是季节的400次更迭，是土壤里的种子不断地奔向蓝天，也是哈尔滨工业大学代代相承的积淀，而这百年中有十分之一的光景都有着王立闻的陪伴与成长。正如"格物""致知""正心""诚意"四栋教学楼的名字一般，王立闻从母校哈工大收获的不仅仅是卓越的专业能力，更是其日后得以支撑起众多省部级项目的人生基石。

高标准、严要求的航天攻坚精神

"规格严格，功夫到家"的校训或许是哈工大给王立闻打下的第一个烙印，在此后的人生道路上他都在不断地思索并践行着这八个字。自2001年进入哈尔滨工业大学的工程力学专业后，王立闻在本校选择了硕博连读，并于2011年取得了固体力学的博士学位。读博期间，他所在研究室主要的研究方向是航天领域的飞行器防护。从"东方红一号"卫星高歌云霄，到神舟载人飞船遨游星河，再到"嫦娥"发射、"天宫""神八"交会对接，我国的航天航空在尖端科学技术领域取得了长足的进步。中央电视台纪录片《巡天之恋·太空避险》记录了他们正在进行的研究，简要介绍了空间碎片对在轨运行的航天器的危害。

航空器以铝合金材料为主要成分，在宇宙中面临的最大威胁之一就是空间碎片。因为空间碎片速度快，且能够产生巨大的能量，实验中 1 克的撞击材料以每小时五千米的速度撞向铝合金材料时，能够把铝合金材料撞出一个深坑。太空垃圾或陨石可能会以更高的速度，瞬间造成毁灭性结果。天上的流星或碎片一旦将航空器撞击出小孔，航天员就会进入真空状态，几秒钟就会死亡。另一个实验显示当高压气罐被质量为 0.09 千克的铝球撞击时，会完全爆炸。而发生在宇宙空间外部的爆炸会产生更多的碎片，可能会造成航天器的毁灭。面对怎么提高航天员和航天器的防护能力的难题，无数航天人为此一起殚精竭虑、攻坚克难。王立闻在此期间在实验室潜心专研，冬九寒夏伏暑，为宇宙空间的探索事业贡献了一份自己的力量，他深深地认识到在航天领域容错空间小，实验中某一个数据的偏差或某一处小的疏漏都会在宇宙中造成严重的后果。

王立闻说道："我非常感谢在哈工大期间的学习经历，我所学到的扎实的力学基础知识，为我今后培养全方面的工程问题解决能力提供了保障。更重要的是哈工大'求真务实，崇尚科学的求是精神'，不管是对学业还是对我为人处世的帮助都很大，能够在哈工大潜移默化受到精神熏陶是我的荣幸。"他特别着重强调哈工大人"实"的使命，不仅在学校学习的务实氛围浓厚，而且哈工大人在工作职位的选择上也秉承着这种"求真务实"理念，他谈到他的大部分同学都选择从事工程实际运用方面的研发工作，技术的创新和应用始终是大家的第一追求。

中国的航天事业发展具有划时代的战略意义，航天事业在中国未来发展历史中的作用，不仅仅局限于拉动我国尖端科学技术的发展和国防实力的提升，还将有可能在某种程度上决定中国在未来世界新能源供应格局、太空探索与研究格局中的地位。王立闻毕业后有志于能源装备领域的研究，他凭借着自己优秀的专业知识，顺利从航天领域向能源装备领域转型。近两年，他在中国东方电气集团有限公司中央研究院主要从事核电领域的技术研发。在工作期间，王立闻以项目负责人的身份承担集团重大专项子项目，为第四代核电技术的突破和创新发挥了不容小觑的作用。他对于高标准严要求的航天精神表示赞同，他认为这种精神在能源装备领域的研发中是一脉相承的，是跨行业之间的共同精神理念。

绿色能源、改革发展的"社会责任"

中国东方电气集团有限公司是中央确定的涉及国家安全和国民经济命脉的国有重要骨干企业之一，属国务院国资委监管企业，是全球最大的发电设备制造和电站工程总承包企业集团之一。东方电气集团长期致力于以发展节能高效、清洁环保的各类能源动力装备产业为核心能力目标，既顺应人类社会对绿色能源的急切而持续的需求与期待，也体现了企业变革与发展的价值驱动与行动导向。

以燃煤发电为主的能源结构给中国生态环境带来极大挑战，中国中东部地区持续出现大范围雾霾天气，中国能源结构调整和清洁能源发展迫在眉睫。王立闻提到对能源领域的看法，他说随着国家转型，出于环保、安全和技术层面的考量，传统能源市场份额逐渐缩小。现在我们国家大部分传统能源技术还是引自国外，中国自主研发需要大量精力财力去弥补弱势，东方电气集团作为央企，在核电产业发展方面持续取得突破性进展，如CFR600示范快堆四大换热器由研发阶段正式转向施工设计阶段，首次实现了核电项目关键核岛设备"研发+设计+制造"一体化业务。

东方电气从2010年起就投入了快堆关键设备的研发中，与中国原子能科学研究院精诚合作，不断改进提升，直至实现工程应用。CFR600示范快堆项目相关合同的签订和执行推进，标志着东方电气核电产业从第三代核电技术向第四代核电技术迈进，也标志着东方电气从核电关键核岛设备制造领域，成功向研发和设计领域拓展。

王立闻以项目负责人身份承担蒸汽发生器和中间热交换器管束流致振动验证试验项目，该项目是集团公司CFR600示范快堆项目这一集团重大专项的子项目之一，是我国首次完全自主设计和进行的第四代先进核电系统大功率换热设备流致振动试验。为钠冷快堆两大核心换热器提供流致振动验证试验实施和试验数据，为换热器研发设计提供可靠性基础研究支撑，为掌握钠冷快堆换热器流致振动试验核心关键技术打下坚实基础。其中涉及的微动磨损试验装置研制在国内属于首创，在流致振动试验中采用多类传感器的实施方案在行业内也属于先进水平。

快堆技术一方面可增殖易裂变核燃料，把铀资源的利用率从压水堆的1%左右提升到60%以上，另一方面可将压水堆使用过后产生的长寿命裂变产物嬗变掉，变成一般的短寿命裂变产物，或变成稳定同位素，这项技术对于实现核能的可持续应用具有重大的意义。王立闻团队所承担的工程试验难度大、周期紧，无任何借鉴经验，是弥补国内第四代核电的空缺的重要项目，此项目的顺利研发为实验和原型样机奠定了坚实的基础，也为核电堆提供了有效可靠的数据支撑。无独有偶，王立闻所认可和践行的哈工大精神和东方电气企业文化都有着根本上的使命追求——求实，就是要真诚做人、踏实做事；创新，就是要追求卓越、勇于探索。

求真务实、奋勇争先的党员风范

自2011年7月加入东方电气以来，王立闻爱岗敬业、努力进取，并且在工作中取得了良好的业绩。在思想上,他始终以一名合格党员的标准严格要求自己,时刻关注党的动态并通过学习领会其精神以指导实践。在工作中以身作则,十分热爱自己的技术研发工作,并且为此投入了极大的热情与精力。任职以来,一直活跃在集团公司志愿者组织(支队队长)和工会组织(现任中央研究院第三工会主席)中,以积极乐观的心态投入为他人服务的事业中去。

他在谈到自己的工作时,因为保密要求比较高,并且项目性质和背景意义重大,他始终牢记社会责任和社会意义,随时谨记第四代核电的研发是一项新兴研究和技术,需要持续付出和投入。核电项目长期扎根一线现场,作业环境十分艰苦,从试验设计、样机制造,再到具体的试验,王立闻作为负责人总是谨记以必须解决实际问题为标准,是项目团队不可或缺的领军人物。

核电类工程试验规模较大,不仅总体方案和技术要求高,而且需要突破单点技术难点。比如说传感器在现场样机的安装工作,方案和实施难度上都没有可供参考的案例,王立闻带领团队进行了一系列实验、摸索,结合现场特点和检验要求,通过多批次的实验和摸底试验、分析,将工程实施变为现实,最终成功落地实验,他切身践行了党员模范先锋的积极作用。他通过工作中实际问题反思和经验总结,为还未走入工作领域的校友们提出了友善的建议——大家不能局限于自己的专业,未来将会面临更多系统性的问题,应该尽力拓展专业面。

入川之后,王立闻还牵头创办了四川哈工大校友篮球队,以篮球队队长身份担任组织工作,2012年起的七年时间里,参加了三届四川名校校友会篮球赛。他说比赛是一方面,他希望有一个平台,为毕业之后的校友提供交流沟通和体育锻炼的机会,保持健康的身体状态。王立闻动情地说道:"每个人都应当找寻一种工作和生活的平衡,工作再忙也要记得与社会沟通交流,生活才会更加精彩。"

(何俊良撰稿)

哈工大人在四川　漆长松
HAGONGDA REN ZAI SICHUAN

HARBIN INSTITUTE OF TECHNOLOGY

漆长松，汉族，1982年出生于四川大英县，2001年至2005年就读于哈尔滨工业大学精密仪器与测控专业。在多位校友的支持下共同创业，现任博视广达科技负责人，获评四川省人力资源与社会保障厅创业领军人才，入选中共成都市委组织部蓉漂人才计划。

北归的中华田园犬在"蓉漂"

——记 2005 届精密仪器专业漆长松

小传

松仔，1982 年出生，属相狗，2001 年在我们哈工大男生荷尔蒙最鼎盛的时期，淹没在无数俊男美女中，由于身高、智商、情商不能出类拔萃，默默无闻，离开学校那天坚定地完成了单身狗的使命。回忆当初，在哈尔滨那个离别的车站，好像是因为此事，寝室八兄弟还黯然神伤，本来的一窝单身狗，从此各奔东西，成为来自北方孤独的狼。

回到成都，松仔自然就有了老婆，人称茜姐。茜姐面带旺夫相，这也是松仔作为创业狗，逃过捕狗队，存活下来的重要因素！

松仔 2014 年 10 月卸下码农的伪装，拿到创业狗正式编制，本文雅称：中华田园犬。在三位哈工大杰出校友的支持下，草创博视广达科技，后来成都的朋友给了一个"蓉漂"的称号。本文由此命名为：北归的中华田园犬在"蓉漂"。与所有有缘一见本文的朋友，分享一名哈工大技术男（经济适用男、四川耙耳朵、秋裤男……）近两年的所见、所闻、所想、所怀念。

差旅

EU2217 航班，每天早上 7:45 成都飞深圳，四年时间松仔搭乘三十余次，准点率百分百。飞机早餐可能是稀饭、包子、饺子，到机场都可以去办理一个紧急出口的位置，宽松舒适。上飞机开始睡觉，半小时后，飞机进入巡航高度，可以使用大型电子设备，拿出电脑开始动笔，往日的代码换成了今天的这篇文章。

思绪万千，却不知如何落笔，一个技术男如何才能表达对母校的情怀呢？看来飞机上还是适合写代码，写完这句话，顺势打开了 VS2010 开始码砖。

搭档

上午十点飞机准时落地，手机开机接到风投虎哥电话，虎哥观摩博视广达团队四年了，终于要下手投钱了。虎哥是北大高富帅，已婚，准爸爸。简要沟通投资进度，听老大安排。

深圳郑总已到机场，今天接机的郑总和我都是技术男，臭味相投，他今天帮我介绍一个合作伙伴：他同学，另外一家自动化公司老总，为博视广达的视觉检测系统提供更多的应用场景。郑总也是传奇，上市公司雷柏科技创始人之一，飙车爱好者，青春期阶段爱好飙车到澳门。到车上后我们又八卦起技术来了，我极度佩服郑总对技术的热爱，我这个哈工大的技术男也被他带坏了，所以我们成了搭档。

郑总公司叫卓迅达，追求卓越、反应迅速、兴旺发达。该公司在博视广达进入行业初期，被罗列于竞争对手清单中，在博视广达回归聚焦到视觉测试后，我们成了很好的合作伙伴，两家公司一年拿下了华为手机 ODM 工厂三分之二的产线测试设备。

股东——天使——校友

博视广达，第一批股东是我们三位哈工大杰出校友：四川校友会秘书长尹师兄，四川校友会副会长大山，深圳校友刘师兄。尹师兄和大山一开始从精神上不断鼓励，后来以大无畏的精神进入了博视广达股东班子指导工作。现在已经模糊：是他们忽悠松仔去创的业，创办博视广达，还是松仔忽悠他们做的天使，成为博视广达股东？

深圳刘师兄，本文又一位传奇校友，事迹只能以小道消息传播，不能书以文字，目前是荟凝公司老大。第一次和刘师兄见面是在深圳校友一次聚会上；第二次见面松仔详细介绍了自己在干的事，记得当时坐着他的奥迪A8，作为不问世事的技术男，松仔问了这车多少钱，然后感觉这车真贵，就说这买车的钱投给我多好啊！

传奇就是这样，与刘师兄第二次见面，刘师兄投了博视广达，他是公司第一位股东。

记住，天使永远都是最美好的！

哈工大——母校

最美莫过食堂的卤肉，肥而不腻，当然还有食堂的大饼西施。民以食为天，吃才是最重要的，记得当初学校每月六十五块钱的生活补助，都拿来打牙祭了。学校消磨时间的最好去处是图书馆，大冬天早上六点开始排队，座位十分抢手；这也是俊男靓女约会的好去处，有暖气、小卖部，能够与星巴克一拼，大冬天吃冰糕就是在这里学会的；靠近窗户的位置还能听到"呼呼……呼呼……"的北风猛烈地刮，与隔壁兄弟打呼噜的声音遥相呼应，回到四川后很想念这样的声音。

因为图书馆太好，经常忘记去上课，忘记今天有什么课程需要上。我亲爱的在读师弟师妹们，切记不要有这样的习惯，因为很可能会有后遗症，伴随终身：比如晚上做梦，梦到不知道明天上什么课，不知道做什么作业，不知道明天在哪里考试……梦里你会千方百计地查找各类线索，step by step 地验证推理，上下求索而不得，解救你的恐怕只有早上的闹铃或者娃儿要奶吃的啼哭。

我们哈工大图书馆有一个BUG，不知道亲爱的朋友们有没有去试错。图书馆一楼二楼三楼卫生间和上面楼层卫生间功能分布上不一样，什么意思呢？就是男同学如果按照下面楼层上卫生间的标准流程，在上面楼层上卫生间，你会在狭小的空间里遇到我们哈工大的女同学。在此，感谢我们哈工大女同学的严谨逻辑和处变不惊，她会在看到你的第一眼，即刻明白事情缘由，她会面带灿烂微笑，用绝对温柔的眼神目送你离开。有充分理由相信这个BUG是建筑学院的男同学有意为之。建筑的本质就是提供栖身之所，同时创造生活的乐趣，我支持他们，哈工大的同学爱你们。

我们哈工大的主楼、机械楼是完全可以拍摄哈利·波特的，墙壁一米来厚……旭日东升、斜阳西下、紫丁花香、白雪无瑕……

室友

进入学校前两个月，某课堂上，上大课，外面暴雨，突然有人叫寝室被淹了。哐的一下，伴随着教室里兄弟姐妹们的欢送声，一群男生奔向一公寓。后来再有这样的雨天，我们就不再动弹了，回去只是徒劳。在暴雨中狂奔，而且是在我们哈工大的校园中，那是极度危险的，万一撞倒某位师姐怎么办？太危险了。

哈工大有一个优良传统已经失传（一公寓2018年完成使命，载入史册）：公寓的地下室永远为大一新生保留一年。我们寝室的难兄难弟非常荣幸抽中了幸运签，大一一起相识在哈工大一公寓负一楼。我们是幸运的，因为我们住在亚洲第一大万人公寓，房租很便宜，而我们八兄弟住的地下室，房租会更便宜。

再次感谢一公寓的设计单位，因为我们一公寓负一楼有一半在地面，能够透进阳光。我们1024寝室的八兄弟第一年的新奇生活就此展开。

某日，军训期间。露出地面一半的窗户被人"咚咚咚咚"有节奏地敲着，根据频谱分析，这应该是某位懂音乐的高手所为。寝室八大金刚没一个搭理，大清早都还在做美梦。"咚咚咚咚"还是那么铿锵有力，显示出了坚定。"哪个哦，大清早的。"贵州的兄弟江哥发飙了，挂着小裤衩奔向窗户，哐的一下拉开窗帘，八大金刚被子已经掀开，齐刷刷望着窗户，大家很想用目光给对方以颜色。可我们想错了，是外面的色彩让我们的眼睛五彩缤纷，我们哪来的颜色啊！窗户外，围着一群好奇的女生，我们系的女生都在。江哥为了寝室八兄弟的福祉，挂着小裤衩站在窗户前准备反击……

那个年代电话还是固定的，并且没有摄像头，所以没能记录到当年那一刹那，没有上朋友圈，没有上热搜……

华为与华勤

2017年，第一次进入华为，是在华为松山湖南方生产基地，代表博视广达科技，以华为技术合作方的身份参加会谈。会议室里，松哥代表一个五个人的公司——博视广达科技。其他位置坐着二十余位华为同事，来自多个部门。会议进行了三个多小时，定格于问答模式，问问题的朋友总是在更换，答问题的只有松哥一人。

松哥明显感觉一百零几斤的体重在减轻，蛋白质都已经开始燃烧！会后，松哥决定做一个善良的技术男，以后少问别人问题，特别是在这类评审会议上。

2016年华为智能手机生产线开始"三化一稳"改造：自动化、信息化、智能化，整机测试环节因为没有好的方案，一直停顿。博视广达研制的四工位手机测试设备，用于手机生产环节的整机品质检测。该产品打破行业十余年的传统设计思路，将测试效率提高八倍，一台设备替代原有八台设备，大大降低产线导入设备的成本和使用维护成本，使手机整机品质测试的自动化成为可能。

后来博视广达陆续与华为商务部门，外部资源导入部门进行了洽谈。最终结果：华为将博视广达设备推荐给华为所有ODM工厂，华为自研工厂由华为2012实验室提供测试方案。在此非常感谢华为客观、专业的评估，给博视广达机会。

华勤是国内最大手机ODM代工厂，设计生产大量华为手机，它是博视广达的直接客户，在这里我们的设备接受了两年的测试、试用，大量华为、华勤、华贝的技术专家、产线工程师与我们一起，不断为提高华为手机出货品质而并肩战斗。在这里我们接待了华为西研、上研、本部、华为2012实验室等各部门专家的指导。感谢华勤一同并肩奋斗的战友,感谢华勤领导的关怀。2017年10月华勤给博视广达下了第一台设备订单，截至这个时间点，博视广达创立整整三年。

三年财务规划

业内流行，一家公司撑过三年才算存活。

三年财务规划，能够让一个初创团队走完产品设计、开发、验证、初试、中试、批量，拿到订单。如果三年还是看不到收获的时间点，对于我们普通的技术创业男或许可以考虑止损，休养生息。

竞争力

公司的竞争力是全方位的。华为在对博视广达进行评估过程中，对其产品性能、技术能力、生产能力、管理团队、售后服务能力、资金能力、资源协调能力进行了评估，最后做出了客观的选择。因为公司产品解决方案的唯一性，选择了博视广达；同样因为公司规模太小，限制了大的合作机会。

对于这种技术类创业公司，在起步过程中，很难补齐所有短板，它们往往是带着一个好的产品在一路狂奔，四处碰壁，这就需要和成熟的公司建立协作关系，互惠互利，站在已有的渠道和平台上进行发展。这是博视广达发展过程中走过的弯路。

新产品在市场的竞争过程中，通常会有几个阶段：行业内唯一产品，比拼产品品质，比拼售后服务，比拼产品价格。大家都知道"行业内唯一产品"这个阶段会过得比较滋润，要好好利用这个时间补齐自身短板。

自我否定、原谅、归零、再出发

2018年6月，博视广达手机测试设备处于批量出货阶段，团队每一个伙伴都在自己岗位上尽心尽力，新入职的应届生都直接拉到前线战斗。这个时候松仔内心的困顿逐渐浮出水面，短期生存问题解决后，团队下一步走向何方？这个时候他失去了方向感。

类似博视广达这样的公司：行业充分竞争；公司在成都，市场在华南；

行业资源匮乏，一路走来，整个团队处于疲劳状态，处于没有安全感的环境。

否定现在的发展方向，往往比否定曾经的某件事、某个人、某种方法更为艰难，这会产生持续的焦虑：何去何从？

否定一定要伴随原谅，特别是对自己。不善待自己，何以善待别人？即使自己犯错带来损失，这也是生命固有的一套机制。

至诚则明，无穷必反。

面对困顿时的坦然和真诚，是我们哈工大人的风格，也是格物明志的途径。不断地收集事实，归纳总结，提炼新的思路，满足更多应用场景，顺应社会发展趋势，归零、再出发。

校友情

在带领公司小伙伴前进的路上，遇到太多我们哈工大的师兄师弟，每一次交谈、聚会、指导，都是我们发展道路上的精神食粮。在这个过程中获得了太多的帮助，无以言表。

博视广达

这是一个永远年轻的团队：生生不已，其命维新。

公司建立大量团队期权池，并且每到一个新的发展阶段，公司都会进一步释放更多的团队期权，保证为公司贡献的伙伴共同分享，以保障更为优秀的伙伴融入公司。我们向哈工大成功的校友学习，向华为这样技术创新型公司学习。

目前公司核心定位为数据的智能分析系统。业务主要分三个领域：机器视觉开发包，主要供应自动化公司；液晶、IC、手机领域视觉检测设备；农业采后处理设备。

博视广达的生存离不开广大校友的指导,未来的征途更期待与更多的校友朋友一起发展。

校园情　江湖梦

沐春风,惹一身红尘;
望秋月,化半缕轻烟。
顾盼间乾坤倒转,
一霎时沧海桑田。
方晓,
弹指红颜老,
刹那芳华逝。
顾有千帆渡,
终向一舟行。
嬉戏人生场,
迎来送往。
纵使侠骨柔肠,
落日心两茫茫。
唯,
不负好时光!

哈工大人在四川 — 田海龙
HAGONGDA REN ZAI SICHUAN

HARBIN INSTITUTE OF TECHNOLOGY

田海龙，九三学社社员，2007年毕业于哈尔滨工业大学（威海）海洋学院，并于同年到四川工作创业，目前担任成都哈哈兄弟文化传播有限责任公司董事长、成都丁老头文化传播有限责任公司董事长。在四川旅游学院、武警警官学院等高校开设相声选修课，并多次在四川大学、电子科技大学、西南石油大学等高校开展相声讲座及辅导课。

与此同时，现在田海龙还有多重身份，四川省青联第十三届委员、中国曲协会员、全国青年曲艺工作者联盟理事兼副秘书长、四川省曲协副主席、成都市曲协副主席副秘书长、哈尔滨工业大学四川校友会副会长、九三学社青工委员、四川省青少年文联第一届第二届常委、山东省驻四川青联常委、中国文艺志愿者协会会员、四川省文艺志愿者协会会员、成都市文艺志愿者协会理事等。

梦想照进现实

——记四川省曲艺家协会副主席 田海龙

梦开始的地方

"我大一刚到学校,响应海洋学院的学长学姐号召,一起创建了哈哈曲艺社。到了第二学期,学长学姐开始准备找工作或者考研,哈哈曲艺社就由我来负责了。"田海龙说。

哈哈曲艺社当时是哈工大校内最大的文艺类社团之一,创社以来它一直坚持自己的特色,以相声小品为主,器乐、演唱为辅,活跃在各种各样的校内外舞台上,极大地丰富了同学们的课余文化生活。

2006年,大学同学张靳珂给田海龙做了一个专访纪录片,片中问他:"以后会以说相声为职业吗?"他回答:"应该不会吧,未来的日子,谁也说不清楚。"他也没有想到未来他不但专业从事相声工作,还成为四川历史上最年轻的曲协副主席,成为全国相声小剧场的旗帜代表。他或许更没想到,有一天他会让哈哈曲艺社在成都生根发芽,把它建设成为一个专业的相声团队。

2007年6月,田海龙虽已经签订了三方就业协议,但为追逐梦想,他跟老师撒了个谎,说要到成都去创业,成立一个文化传播公司。或许那时的他没想到，2015年学校走访校友来到成都时，他能把谎圆上，真的成立了一家文化传播公司。

从成都的过客到扎根成都

初到四川，"人生或许没有计划，但人生的路冥冥中似乎早有天定，当你迈入象牙塔时就被烙上了印记，当你走进社会时潜移默化地走向了属于你的路"。应该说，大学毕业时，是人生最迷茫的日子之一。2007年田海龙毕业的时候，大的经济环境并不好，赶上了金融危机，当时冲动之下，他一头扎进四川，没去已经签好的单位工作，当然也并没有所谓的创业。刚到成都的田海龙举目无亲，也没有好友，在这个城市晃晃荡荡两年就过去了。最初也只是打算在成都待一段时间，直到田海龙在成

田海龙评书演出

都经历了2008年的地震。

2008年汶川地震,举国同悲,人在大自然的大灾难面前往往无能为力,而在无能为力和积极自救时往往会对生命有新的感悟。全国人心系四川,身在成都的田海龙不但感受到四川人的坚强,更是深刻体会到了四川人乐观的生活态度。田海龙敏锐地发现,这样的文化土壤,适合相声艺术生根发芽。

田海龙审视自己,将来到底要做什么?虽然已经是一名优秀的B2B销售经理,但是他觉得,那并不是他追求的道路,舞台终究是他追求的梦想。从那时起,他开始积极策划,向舞台迈进。2009年他跳槽到索尼公司做培训师,走上讲台那个刹那,他终于确认他根本离不开那个舞台。地震发生后,当他看到身边不少四川朋友关心抗震救灾,热心给予他人及时帮助的同时,也能淡定地过着自己的生活,就觉得这个"哀而不伤"的城市,骨子里透着坚强乐观,心想这个"爱笑的城市"一定也会喜欢相声这门欢乐的艺术。四川人在灾难面前所表现出的乐观生活态度,让田海龙进一步喜欢上了成都这个地方。在扎根成都的想法慢慢成形的时候,那热爱的相声呢?也开始慢慢成形了。

哈哈曲艺社从无到有

2009年10月,田海龙成立了成都哈哈曲艺社。那时他经常这样对别人介绍自己的身份:讲评书,说相声,致力培训!他是一个职业培训师,无论是在索尼还是在三星的岗位上,他一直享受培训这个舞台带来的成就。

为了组建团队,他到各种社交平台上去搜索凡是带有相声和成都标签的人,校园BBS,论坛,人人网……他一个一个给人家留言,一个一个沟通,

田海龙创建的哈哈曲艺社

2009年几乎一整年都在做这件事,终于找到了几个志同道合的朋友,大家一起学习相声。

相声是北方语言艺术,之前并未在四川生根,田海龙作为一个外地人,在人生地不熟的情况下想把相声做好,那太难了。他常挂在嘴边的一句话是:"干吧,总要做点什么不是。"

万事开头难,在相声的荒漠里走出一条相声路并不容易。他带领着一群爱好者,练习又演出,演出时自掏腰包给观众买茶,没有背景幕布就拿出租房窗帘代替,没有场面桌就在川大垃圾箱里捡一个书桌,没有桌围子就用沙发套,就这样一点一点把成都哈哈曲艺社这个团队打造起来了。

"第一次比较正式、也得到更多关注的演出,是当时为了青海玉树地震而举办的义演吧。"田海龙回忆说。当时,在大多数人都已经在看电视而对传统相声关注越来越少的时候，一群年轻人组织起来的义演很快得到了媒体关注，报纸报道都有了，这也为团队走向专业化、职业化埋下了伏笔。当时的侯派相声传人、已经 75 岁高龄的丁宝祥先生，就是看到了报纸报道，通过报纸联系到报社、记者，辗转联系上这群喜欢相声的后辈。

真正让哈哈曲艺社从相声业余爱好者的交流平台，变成能与专业相声界搭上线，成为成都小剧场相声的一支新生力量，这要归功于丁宝祥老先生。20 世纪 60 年代，原为北京电子管厂曲艺队队长的丁宝祥，随"三线建设"的新厂来到成都，同时也把北方的相声种子带到川渝地区。他曾师承侯宝林先生三弟子杨紫阳先生，到成都后成为四川最早的曲艺社团五一茶社、文化茶园的相声演员。已经退休的老先生，主动说想要教授这些对相声带着热爱的年轻人。哈哈曲艺社的初创成员都是学生或者在职成员，大家就利用周末的时间进行学习。老先生一直风雨无阻地来教这些学生，学生可能有时候有事或者生病了就不来了，老先生却从未因病痛阻止教学的热情。老先生对相声的热爱和认真逐渐感染所有成员。有了老先生的教授，哈哈曲艺社开始走向更加专业的道路。相声传承讲究"说学逗唱，口传心授"，已加入哈哈曲艺社 8 年的张尹回忆，站在师父面前，才知道自己以前讲的相声"哪哪都不对"，每一句台词的语调高低、句读之间的轻重缓急、搭档之间的配合和交流、神态肢体语言的拿捏、走台的方向和观众反应的处理，就算是师父一句"说人话"，背后也包含了演员对题材的熟稔程度、语言表现方式、"背台词"和"演台词"的区别等各种丰富寓意。从师父身上，田海龙学到更多的就是无私和善良。师父对学生们毫无保留，报酬分文不取，还要自搭路费。从那时起，田海龙就以师父为榜样，在传承相声这条路上像师父一样尽力而且无私。抱着"不能让师父丢脸"

的心态，哈哈曲艺社成员的水平也得到了较大提升。到现在，成员们都说丁宝祥塑造了哈哈曲艺社的"魂"，他对艺术的认真，对人的善良和不求回报的付出，一直是成员们心窝子里最戳泪点、最温暖的地方。"用欢乐渡人，是我们的修行；得快乐生活，是人生的自由。"

2011年，田海龙正式拜入丁宝祥先生门下，成为一名有门户、有传承的相声演员。他总说，从拜入师门开始，肩上担子就有了。之前，不过是喜欢相声而已，如今又肩负了传承相声的责任。拜入师门后，田海龙带领哈哈曲艺社开始走上一条专业道路。从之前免费义务演出，转变为正式售票演出。如果说之前他还是一名相声票友，从拜师之后他真正开始走一条专业相声演员之路。第一场商业演出，"当时是我们曾经去义演过的很多社会福利机构，比如敬老院之类的地方，大家我们买20张门票，你们买50张门票，这样撑起来的第一场商业演出"。

商业演出，打响了创业的第一枪。成都哈哈曲艺社在业内名气越来越大，观众也越来越多。是否从专业道路走上职业道路，成为摆在田海龙面前的一道选择题。田海龙知道，要想把相声传播得更广，让这些跟着自己追逐梦想的兄弟没有遗憾，创业这条路已经箭在弦上了。

2010年6月起，哈哈曲艺社连续举办八场相声大会，迅速吸引了成都曲艺爱好者的关注，场场笑声满满。2011年8月，成都哈哈曲艺社入驻锦里铜雀台茶楼，开始商业演出。2011年10月，成都哈哈曲艺社于川剧老茶楼悦来茶馆开始售票相声专场演出，一周两场，场场火爆。

2011年12月起，成都哈哈曲艺社开始举办成都哈哈曲艺社书场，旨在传播传统评书艺术，小剧场演出由著名评书大师徐勍先生弟子袁国虎先生担纲。2012年2月，成都哈哈曲艺社转移到劳动人民文化宫戏剧艺术厅售票演出。2012年2月以后，先后开辟剧场天藏阁茶楼、五世同堂道德讲堂等。多年的努力，只为搭建一个为广大观众传播笑声的平台，小剧场演出全部由80、90后演员担纲，包括对口相声、群口相声、单口相声、男女相声、双簧等，并穿插快板、评书、谐剧、小品等其他具有喜剧风格的艺术形式。通过简便灵活的表演形式和时尚富有朝气的节目，为人民群众制造欢笑。

作为新世纪最早的非官方民营曲艺社团，社团成立后得到了四川省曲艺家协会、成都市曲艺家协会以及中国曲艺家协会的大力支持。2013年8月，田海龙受邀参加笑林大会，被推选为小剧场联盟秘书长。

2013年11月，成都哈哈曲艺社举办全国小剧场相声联盟研讨交流会暨全国首届青年职工相声交流展演，来自上海、西安、北京、苏州、天津等17个城市的19个相声团体参加了研讨交流会。

在创始人田海龙带领之下，哈哈曲艺社发展至今，接受过日本NHK电视台、韩国KBS电视台、中国中央电视台、香港卫视、新华社、旅游卫视、四川卫视、成都电视台、四川人民广播电台、《成都商报》、《华西都市报》、

田海龙进高校做曲艺讲座

腾讯大成网、新浪网等国内外大量媒体专题报道。

自创立以来，成都哈哈曲艺社的演员及作品多次获得全国各类比赛大奖，如"红桥杯"全国曲艺比赛创作一等奖、第三届巴蜀笑星比赛最佳团队奖、第五届四川省少儿曲艺比赛最佳组织奖等近百个团队及个人奖项，被誉为"西南相声第一家"。

在继承、传播、发展传统曲艺的同时，兼顾从事艺人经纪、演出、包装、影视剧及节目策划等多项业务。

与此同时，也协同曲艺社达成了很多的艺术成就：

第四届成都市中青年表演大赛曲艺组铜奖

第五届成都市中青年表演大赛曲艺组银奖

第三届巴蜀笑星大赛最佳创作奖、最佳组织奖

深圳"鹏程杯"相声大赛二等奖

第三届"南开杯"全国相声新作大赛优秀奖

"说唱四川，歌颂中国"优秀曲艺新作奖

把梦想照进现实

有人说，创业做了自己爱的事情，是一种幸福；有人说，创业做了自己爱的事情，是一种噩梦。

田海龙被无数次问过这个问题，但是对于他来说，好像从来都没有余暇去考虑它。

一个人，活在这个世上，想要活得"安逸"，总要有那么三条腿的支撑。一条腿是亲情，人无亲情不立；一条腿是事业，总要挣口饭吃；一条腿是精神追求，要么是梦想，要么是信仰，总要有个精神家园。

创业做了心头爱,就是把梦想照进了现实,也就是把那条精神追求的腿和事业的腿合并成了一条腿,你还剩两条腿。人只有两条腿是站不住的,好比是踩高跷,至少你得不断原地踏步。所以,不管你走不走,自从踏上这条路,你就没有休息的时候,要么原地等死,要么向着前方不断前进。

在成都说相声,其实等于是在一片荆棘中重新开路,因为四川原本没有相声行业的路。但就是在这种信念影响下,田海龙一个一个去挖掘人才,一点一点去重新教。2010年时,哈哈曲艺社还没有固定演出地点,在春熙路街头、人民公园等地"街头表演",用相声的行话叫作"撂地儿"(街头卖艺,靠表演水平吸引路边观众),以锻炼自己的表演水平,却被不了解相声的人误解。他们的团队从一个草台班子到不断在全国获奖,他们到天津举办团队专场,到北京参加全国优秀节目会演,受到中央电视台、日本NHK电视台等几十家媒体专题报道,甚至在成都的城市宣传片中,哈哈曲艺社也占了很大一部分。他们让相声在成都扎了根,让哈哈曲艺社成为成都的一张名片。哈哈曲艺社不是简单地对传统相声的继承,而是在了解传统相声精髓的同时,糅合时尚的时代内容,打造最新潮、最时尚、最个性的具有四川特色的相声。"朋友圈的18岁""佛系青年""江歌案""王者荣耀""朴槿惠下台""科幻小说《三体》",哈哈曲艺社在讲传统相声时,把时下流行的段子和时事热点等当下元素酌情点缀其中,"幽它一默",引得懂"梗"的观众会心一笑,让古老的传统相声多了一份年轻人的朝气。现场看相声的多是25岁左右的观众,忠实粉丝在网上从不吝惜夸赞:"是成都'德云社'一样的存在。"成都哈哈曲艺社,一个制造快乐、执着梦想的团队!

哈哈曲艺社成立至今,也不乏植根于四川本地的优秀作品,如《牙尖男女》《四川学电台》《西部游记》系列等。成员换了一拨又一拨，却总有一群人能站在台上讲"与时俱进"的相声，台下也总有观众愿意听。此外，哈哈曲艺社配合微博、微信等新媒体进行推广，比如常有粉丝格外喜欢某位演员的表演，在现场可扫描桌面哈哈曲艺社的专属二维码，用微信"打赏"安可，收到"安可"小花篮的演员便会返场再加演一小段相声。或是有粉丝在微博上晒出团队表演照、微视频，就可与演员进行微博关注和互动，用口碑式的推广增强粉丝黏度。目前哈哈曲艺社的晚间表演中除了主打节目相声外，还穿插金钱板、快板、评书等多种曲艺形式。"一次性能感受到这么多老艺术，觉得新鲜又神奇。"在高新区上班的贾波，经常邀着朋友去听相声，用欢乐把他上班的疲惫一扫而光。

如今成都哈哈曲艺社同时还是成都市曲艺家协会团体会员、成都劳动人民文化宫曲艺分队、防震减灾志愿者文工团曲艺分队，为各种公益活动提供免费演出，为成都的老百姓送去欢乐！

如今的哈哈曲艺社经营三个剧场，每天都有演出，已经是成都老百姓娱乐文化生活不可或缺的一部分！

"规格严格，功夫到家"

田海龙犹记得，当初刚到成都，到一家大型国企面试，他们HR（人力资源）问："你们校训是什么？"他脱口而出："规格严格，功夫到家。"他觉得仿佛他的人生从那一刻起，就被校训加持了，从那时起，他深刻意识到在这个城市不仅代表他自己，他还是哈工大的一个代表，他要发出光和能量，去影响更多人。

除从事相声表演、评书表演及教学工作外，他还曾是三星、索尼公司的专业培训师，四川最专业的时间管理、终端销售、语言技巧的培训师之一，享受四川省委组织部高层次人才待遇。

田海龙参加省委组织部组织的"产业兴省四川企业家清华班"时，在班会上，他跟所有同学说，他毕业于哈工大，校训是"规格严格，功夫到家"，他们哈哈曲艺社走到今天，是这股精神在不断地激励他们，要么不做，要做就认真做下去。

很多回，田海龙在学校里上课，有学生问他："老师，您觉得创业最重要的条件是什么？"田海龙都回答："最重要的就是，你要有百折不挠的精神，要有'规格严格，功夫到家'的态度。"田海龙想，这是母校带给他的一生的重要财富。

哈工大人在四川　廖义超
HAGONGDA REN ZAI SICHUAN

HARBIN
INSTITUTE
OF TECHNOLOGY

廖义超，2007年入学哈尔滨工业大学（威海）汽车学院，2011年毕业，先后辗转北京、武汉、江西，2015年回到成都，开始边工作边创业的生活。2017年，第一个创业项目终止，继续边工作边创业。2018年正式离职，全职投入汉莫管家服务平台这个项目，一直到现在。汉莫管家是一个为更多家庭提供家庭生活服务的管家服务平台。

"哆啦A梦"的管家梦

——记立志为更多家庭提供家庭生活服务的*廖义超*

创业的萌芽阶段

廖义超，长着一张娃娃脸，胖胖的，头圆圆的，看到他总是会让人情不自禁地想起一个著名的卡通人物——哆啦A梦。哆啦A梦有一个口袋，从他的口袋里经常会掏出各种各样神奇的东西、有趣的东西，廖义超没有哆啦A梦的口袋，但他有一颗有很多想法的脑袋，经常会冒出一些有意思的想法，比如他自己清楚记得什么时候开始有创业的想法。那是2014年，当时他在北京一家知名汽车企业总部工作2年多了。当他对品牌、广告、公关、活动、法务、财经、人力都有了全面了解之后，他很清楚地知道应该开始下一站了，于是毫不犹豫地申请外派到新一线市场，锻炼自己的一线战斗能力，为自己将来创业奠定全面的基础。

即便廖义超从初中就开始积极去做各种兼职，并老早就准备要创业，但真要跳出相对的舒适区从零开始，依然很难！但廖义超最终还是跨出了这一步。到现在其实他自己也不太确定，最终决定跨出这一步的原因到底是什么，是"创业听起来很酷"的虚荣心，还是想摆脱所谓一眼能看到头的职业生涯，再或者真正就是心里的那个梦想。无论如何，廖义超终于踏上了创业这条路！

还没开始就结束的创业

外派到新一线城市武汉工作的廖义超，特别喜欢喝柠檬水，一方面他觉得柠檬是公认的健康食品，另一方面自己也确实喜欢酸酸的味道。他经常去水果店买柠檬，发现柠檬都是散装出售，简单的包装上没有任何品牌标识，有的只是一个产地的介绍，比如安岳柠檬、云南柠檬等，却没有一个商品化的品牌。他还了解到四川安岳是国内有名的柠檬之乡，当时他的脑子里就跳出来一个想法，为什么不在凌乱的柠檬零售市场中，打造一个标志性的品牌呢？那个时候他的脑子里就有关于网红品牌、社交传播的概念，但这些概念没办法系统化和落地，仅仅是一个概念。廖义超是行动派，他立马就飞到安岳做市场调研，了解到当地最大的柠檬生产商是华通柠檬，他们的主要产品是柠檬冻干片，以及柠檬精油、柠檬面膜等，并且已经在成都的几个大型商场以及双流国际机场开了品牌店，正准备开拓全国市场。经过反复思考，廖义超意识到以自己当时的力量根本还撑不起一个独立品牌，内心多多少少也还有些不敢，于是加盟对那个时候的廖义超来说，既满足了创业的激情，又能通过借势借力减轻自己的压力，于是他决定加盟华通柠檬，在武汉开了一间柠檬衍生品形象店。

在这期间，廖义超一直是边工作边跑项目，一个多月的时间，利用工作之余，跑遍了整个武汉的大街小巷，在营业的、正在规划的商业综合体都看了个遍，也学习到很多在他本身的工作中无法学习到的东西，比如商铺选址、分时段调研客户流量、核算盈亏平衡点等。最终他选定了一个商铺，开始准备装修和招聘，同时也进了几万块钱的货，租了个小仓库，在这之前并没有省钱概念的廖义超，为了节省开支，所有的货品都是他自己下班后搬上搬下。为了增加销售渠道，他跟小区的超市谈合作，把货品上架，然后还谈了利润分成。一切都准备就绪，只等东风了。但当他正要开始装修的时候，华通柠檬内部出现了问题，资金链和供应链都断了，这就意味着廖义超的店铺没办法有稳定的供货渠道，没办法经营了。店铺只能退掉，损失了3个月房租，所有前期的付出全部付诸东流，只剩下两三万元的柠檬冻干片待在仓库里。在那个微商还不太盛行的年代，没有实体店的支撑，廖义超自己又不好意思卖货，毕竟，当时的他还有一个光鲜亮丽的工作，本来他也完全可以找同事、同学，帮忙消化掉，但是他却没有这么做，他只是叫了一个收废品的人，把货全部扔到垃圾场倒掉。看着收废品的师傅拖着那几万元钱的柠檬冻干片远去的背影，廖义超心里很不是滋味儿，损失的钱倒不是特别多，但那一刻他真的不想承认自己失败，也不愿意让别人看到自己失败，更不愿意别人因为帮助自己或者同情自己来把货消化掉。即便别人没有那么想，但他自己也会那么想，这个倔强的金牛座，在那一刻对自己说，总有一天，我还要重头开始！

可以说，第一次创业还没真正开始，就结束了！但这次的创业给他的启示是，虽然自己有商业嗅觉，有干劲儿，能吃苦，但是缺乏系统的商业思维，接触到的创业方面的信息和案例都比较少，导致认知局限；同时，对于创业没有足够的认知，有一种"干必成"的错误思想，导致无法面对自己的失败，而这些对后面的创业其实都有帮助。

真正意义上的创业

柠檬店项目停止后，廖义超乖乖地工作了一段时间，边工作边摸索，自己还能做点什么。2015年春节，回家过年的时候跟高中同学聊天，同学长期外派在马来西亚工作，就给廖义超介绍马来西亚的燕窝，那次是廖义超第一次在现实生活中听到燕窝这两个字，其他时候都是在电视和书上看过听过，因为在他的印象中，燕窝是皇家专用的补品，极其珍贵。后来廖义超就上网搜索了一些燕窝的基本知识，综合分析后他认为这是一个好的产品，具有良好的前景。2015年5月，廖义超申请调回成都工作，然后跟着同学去了马来西亚考察，廖义超意识到这个产品会逐步进入更多人的家庭，所以廖义超跟马来西亚的同学合伙，开了自己的第一家公司，取名叫作成都百家燕食品有限公司。

当时的廖义超是燕窝小白，所以花了很多时间和精力去学习，参加各地关于这个行业的活动，然后开始慢慢打造自己的品牌，命名为"金丝宴"。因为品牌的设计，认识了到现在一直很好的朋友小珊、勇哥、贝姐、廖姐，得到了他们的很多支持和帮助。凭借自己的学习能力和执行力，差不多半年以后，廖义超就开始到美容中心、月子中心做分享，跟各个异业做推广活动，合作伙伴和客户也慢慢多起来，并且开始有了盈利。但廖义超觉得这不是自己的目标，如果是单纯想赚钱，做个生意，他觉得不难。廖义超想把它做大，他的目标是要做一个带透明厨房的实体店，把它打造成一个以燕窝产品为中心的社交场所。这些想法，即便几年后看来，还是比较超前并且符合市场发展趋势的，但是为什么没做起来，还是商业模式、商业逻辑的匮乏以及认知的局限性，从店铺选址、设计、装修到开业，还要卖货做活动，同时还兼着工作，用网络流行话来说："天知道我有多累！"但廖义超身上的那股劲儿一直在，那股劲儿就不会让他停止下来！不管出于什么原因，不愿认输也好，不顾一切也好，那股劲儿才是让你坚持下去的最重要的原因！实体店开张后，房租、装修、员工工资、运营等费用一加起来，流动资金就出现问题了，从原来的盈利状态逐步变得入不敷出，即便后面开始了以写字楼为中心的燕窝+轻食以及以社区为中心的燕窝+有机蔬菜的模式探索，最终都没能找到一条适合自己的路，廖义超知道，这个项目终究不能完成自己的梦想，是时候结束了！

　　运营这个项目的两年，是廖义超创业路上的一个很大转折点，一个项目从有想法，到落地、到创品牌再到运营，他都可以独立完成了。他能真实地感受到自己的变化，自此，他才算是真正搭建了从公司最上层的品牌到中间的区域管理再到一线的真枪实弹，这样一个完整的链条。虽然这个项目没能完成廖义超的梦想，但是却实实在在把廖义超往前狠狠地推了一把，在未来真的会发现，原来自己走过的每一步都算数！廖义超现在的管家项目能够快速启动，很大程度上得益于当初燕窝项目的积累。很多时候，我们说坚持难，但廖义超想说，有的时候，放弃比坚持更难，当你自己已经能够意识到并且不断地验证这个项目不能完成你心中所想，不要因为害怕失败、害怕评价而"刻意坚持"，当你真正经历过放弃，才会懂得，放弃有时候比坚持更难，而这种理解，只有你自己才能够体会到，别人无法体会，也不需要别人体会！这也许就是创业者容易孤独的原因吧！

All in Moment

燕窝项目停掉以后，廖义超心情还是有点低落的。一方面来自于自身，用心孵化2年，就跟自己养的孩子一样。另一方面来自所谓外界的压力，从开始做这个项目以来，得到了很多朋友的支持和认可，听到的绝大多数都是各种表扬。廖义超虽然不会因为这些表扬而变得膨胀，但这些也实实在在是个很大的帽子。在廖义超刚停掉这个项目的时候，他知道辜负了大家的认可和希望，不太敢面对大家，也不太敢去提起这个项目。他忽然意识到，自己还是没办法面对失败。这段时间，廖义超是比较消沉的，不断地否定自己，又不断地鼓励自己，但他明白，别人的鼓励也好，安慰也好，都很难直击内心，最终能战胜颓废的，只有自己！在这段低迷期，他一下子想明白了很多事情，自己的优点、短板、关于商业模式的探索、如何面对成功和失败等等，想明白了之后，突然感觉整个人都轻松了。什么是创业？创业不是去证明自己有多优秀，也不是去标榜你跟别人有多不一样，它仅仅是一种你自己选择的生活方式。

想明白之后，鸡血满满的廖义超又回来了！他一直在想，自己所擅长的领域到底是什么？脑子里出现了"出行"两个字。因为工作的原因，他有四年时间长期在外，除了春节回家的几天之外，四年几乎天天都住在酒店，对酒店这个行业以及预订酒店的这些渠道有了全面的了解。而现有的以携程为首的大平台，服务对象是所有人，上架的产品是所有产品，也就是无论你是预订50元一晚的房间还是5 000元一晚的房间，在预订流程这个服务上是没有任何差别的，但实际上，预订这两个不同价格房间的客户对服务的要求是不一样的。所以从这个角度来看，廖义超确定了平台的客户人群定位，避开大平台，做细分市场，针对中端及对生活品质有一定要求的人群；人群定位之后就是来看自己的核心优势，除了提供差异化的人群服务之外，还能给消费者带来什么更好的感受，当然就是价格。很多人都会质疑，有携程等这些大平台在，你为何能够给消费者带来价格上的优势，简单来说，就是盈利模式的转换，打破传统OTA的盈利模式，实实在在为消费者省钱。经过大半年的边运营边摸索调整，最终形成了Moment管家服务平台的雏形，而作为一个初创型企业，没有那么大的能耐去做综合性平台，所以还是以出行作为平台的前锋力量，推出出行管家，把这个板块做深做透之后再进行其他板块的延伸。至此，从筹备摸索到项目上线，经历了一年零三个月后，Moment管家平台于2018年8月19日正式上线了！

而在这筹备的一年零三个月中，他也实实在在踩了很多新坑。Moment管家平台算是自己第一次正式开始接触互联网平台，一个完全小白的领域。要做平台需要技术，而没有技术团队支撑的廖义超只能靠外包，但是外包团队永远都是你说什么，他做什么，廖义超活生生把自己逼成了一个产品经理，平台的1.0版本足足耗费了五个月，然后开始推向市场，但是市场验证的效果并不好，产品定位和盈利模式都不清晰，于是开始准备换方向、升级调整，因为跟之前的外包团队沟通不是很愉快，他又重新找了一个外包公司进行调整，这一换公司才发现，之前的平台虽然功能都实现了，但是整个程序代码到处都是bug（漏洞），给升级和迭代带来非常大的难度。后来他才知道，外包公司很多就是中介公司，他们负责找项目，然后把项目给其他的技术团队做竞标，谁出的价低，就给谁做，而这样的中介公司连个正经的产品经理都没有，何谈把项目做好？当时真的太崩溃了，没办法，bug太多，升级和迭代难度太大，最后还是妥协放弃原来的东西，重新开发，于是有了现在的Moment管家服务平台版本，到2018年10月份，又引入了一个技术入股的团队，才算在技术上有了稳定的支撑！

对于Moment这个项目，廖义超觉得自己最大的收获在于自己对互联网平台的全新认识，拓展了很多认知的边界，有了完全不一样的思维和眼界。还有就是能够感受到自己的心理承受能力已经变得强大起来，不再为外界所动，能守住自己的初心，脚踏实地一步一步走出自己的路。但这些收获绝对不是Moment这一个项目带给廖义超的，有了前面所有的积累，才有了如今质的提升。所以不要担心路途蜿蜒曲折，人生没有白走的路，每一步都会算数。

我们经常会看到自己知道的某某项目拿了多少融资，估值又翻了多少番，其实这是非常考验人的。没有哪个创业者不希望自己的项目站在聚光灯下，但现实往往是残酷的。

我们都喜欢说"不忘初心"，有个段子说：一个老大爷养了几条鱼死了，悲伤不已，他不想土葬，他说想给它们火葬，把鱼灰撒回海洋让它们回到母亲的怀抱……谁知道越烤越香,后来他就买了瓶啤酒……

很多人,走着走着就忘了初心……

几乎每个人都听过"不忘初心,方得始终",却少有人知道下一句是"初心易得,始终难守"。

人生是一场修行,很少有人能忠于自己内心的目标和生命的使命,因此,在外面的繁华和喧嚣中,你是否还能坚定自己最开始的想法,耐心地打磨产品、打磨商业模式、打磨团队,而不受其他因素的影响,这对创业者们都是巨大的考验,愿你我都能真的"方得始终"!

哈工大人在四川 张乐陶
HAGONGDA REN ZAI SICHUAN

HARBIN INSTITUTE OF TECHNOLOGY

张乐陶，汉族，1987年出生于宜宾珙县，于2006至2012年就读于哈尔滨工业大学（威海）材料学院（本硕），2012至2015年工作于中航工业成都发动机集团，2015至2018年工作于四川成飞集成科技股份有限公司，2018年至今工作于宜宾市工业和军民融合局（原经信委），负责推进宜宾市汽车产业和锂电产业发展。

不忘初心　方得始终
——记宜宾市工业和军民融合局张乐陶

那片海，那最幸福的四年时光

"为什么这么大、这么新的学校，居然没有游泳池？而且寝室连风扇都没有？"来自四川宜宾的小伙儿，第一次走进哈工大威海校区的10公寓117寝室，同新室友简单介绍以后，说出了自己心中的疑惑，主要是2005、2006这两年四川的夏天实在是热出了历史高度，他不免为明年夏天的炎热而担忧。三位早到的山东室友听后哈哈大笑，其中一位打开了寝室的窗户，一阵阵海风扑面而来，然后他指着不远处的海面对着唯一的南方室友说："乐陶，你看这风扇马力还够吗？那个游泳池还够大吗？"四川小伙这才发现自己距离大海原来这么近，这一相伴，就是整整四年。

大一他努力地去融入这个新的集体，习惯着北方的生活，山东是中国高考竞争最激烈的地方，哈工大威海校区也主要以山东学生为主，所以在这里的学生一直保持着良好的学习习惯和氛围，并且学校也规定了晚上10点45准时断电，晚上断电后，除了和室友聊聊天，就是听收音机，那时候他听得最多的就是单田芳老师的评书，尤其爱听《三国演义》，第一学期在不知不觉间匆匆而过。由于学校规定不允许新生带电脑，所以第二学期全班第一台电脑才被他从遥远的四川搬了过来，然后117寝室就成了全班的电影院和游戏厅，里三层外三层，堆堆挤挤又一层，这种难忘的感觉多年以后他回想起来都不禁会心一笑。

大二大三，同学们都分别有了不同的选择，有的专注于学习，有的专注于社交，有的专注于赚钱，当然也有沉迷于玩耍的，而四川小伙好像没有专注于什么，他什么都感兴趣，为考研而努力学习、结识各种各样的朋友、在电脑城勤工俭学挣外快、常常和同学朋友一起畅游于电子竞技的世界，总之他仿佛并没有想好以后将要做什么，只是单纯地在享受整个大学的生活。当然他也曾在自习室里隔着桌子偷偷看着自己喜欢的女生，却没有勇气开口，只是觉得陪着她看书也是一种幸福；曾一次次满怀期待地沿着海边走到隔壁山大，希望遇到书中说的缘分，但最后都只能拖着被落日拉长的孤单身影回程。

他努力考上了研究生，要去哈尔滨本部继续深造两年，同学们都挺惊讶，但他却知道自己付出了多少，需要战胜多少竞争对手，才能得到这张来之不易的通知书。他默默地对自己说：且行且珍惜，一切都是最好的安排。

四年的时间收获良多，却也匆匆而过。毕业时他故作坚强地向大家挥手告别，泪水却在上车的一瞬间决堤，透过后视镜，视线模糊，主楼远去了、校门远去了、同学们远去了……

那场雪，那最难忘的无悔青春

四川小伙儿带着憧憬来到了哈尔滨，师从材料学院王国峰教授，王老师温文尔雅、学识渊博且十分勤勉，其严谨的思维、积极的态度和豁达的心胸都潜移默化地影响着他，乃至多年以后，他在解决很多问题的时候都想着，如果换作是王老师，这个事情会怎么去分析和处理。

在这里还有最好的食堂、最好的图书馆、最好的实验楼，当然还有最美丽的雪景。一到冬天下了大雪，操场就成了学生们发挥堆雪人才能的最佳场所，哈尔滨气温零下的日子占了全年的一小半，所以师生大部分时间都是在室内，过着寝室、食堂和实验室（教室）三点一线的生活。

超塑性成型、电流辅助成型、爆炸成型、半固态成型……一个个曾经在课本中看到的词语，变成了需要继续深入学习和钻研的课题，在恶补了专业知识以后，大家分别走进了属于自己的课题组，开始了工科学生的实验生涯，他记忆中最深刻的是一次好不容易预约上疲劳测试仪器，三天三夜，就在那个狭小的地下室，一次次等待试块被拉断的声音，尤其是半夜被断裂声吵醒，马上记录数据，换上新试块，启动仪器，继续睡觉。

就这样，和师兄、师弟们不停地重复着各种各样的实验和数据分析，日子也一天天地过去。两年的学习生活过得很快，虽然吃遍了学校食堂和周边的美食，但他却从大胖子变成了小鲜肉。毕业的时候，有两种选择摆在了他的面前——继续留校读博或者回成都工作。最后，想起五十多个小时的火车摇回家的惨痛经历，他选择了回成都，选择了离家更近一些的地方，这也是后来他心中最大的遗憾之一，但是人生没有如果，也不能重来。在决定走进社会的那一刻，他就明白这是他最后的青春时光，他用尽全力去记住曾经的一切，无论苦辣酸甜，青春最后的味道其实就是无悔。

那乡情，那无法忘却的故土

2012 年 7 月，他回到了四川，来到了人生第一站——中航工业成都发动机集团，被安排到技术中心的工艺室，从事特种工艺审核工作，开始接触了激光切割、电火花加工、喷丸、焊接、表面处理等特种加工工艺。一年多的时间，他跟着老师傅一步步地学习，对内严格制定技术规范，设计好每一个特种工艺工序的技术参数，同时严格执行内审程序，要求相关单位严格按照工艺参数执行，并进行不定期检查和考核；而对外，又全力帮助公司通过各种二方审核和三方审核，尤其是 Nadcap（国家航空航天和国防合同方授信项目）审核，审核的通过与否，将会大大影响公司的订单和效益。不久后，他又调到了公司的国际业务部，从事新业务开发工作，主要同 GE 医疗展开了各类合作。各种项目从最初的接触，到最后的批产要经历太多的协调、沟通、争吵和理解，在这两年的工作中他跟着刘原麒部长学习了许多为人处世的道理，完成了从学生到社会人的完全蜕变。

2015 年 7 月，他辞掉了原来的工作，加入了四川成飞集成科技股份有限公司，从事模具设计工作。在这里的两年多，他每天对着各式各样的数模，构建着极为复杂和严密的模具结构，工作虽枯燥，却也其乐无穷，但是经历了审核、质量、项目和设计工作的他，第一次认真地开始思考人生的道路，究竟什么才是自己喜欢，能一直坚持，并且也可以做好的事业。最后他想明白了，也没有犹豫，参加了 2017 年四川省宜宾市面向海内外引进高端人才考试，以全市第一名的成绩考入了宜宾市经济和信息化委员会，开始了新的事业。有人问他，为什么要回到宜宾这个小地方，他回答说："宜宾是我的家乡，能回到这里，能把自己的所学用在正确的地方，这本身就是一种极大的满足。在外面漂久了，买了房也买了车，却还是觉得是异乡人。工作起来就只是为了赚钱，赚钱也只是为了生活，总觉得缺少了什么，回头想来，缺的不是其他，而是如何实现自己的价值。宜宾地方虽小，却有着极大的舞台，相信在这里我能实现自己的人生价值。"

尾声

干不完的工作，加不完的班，数不清的事务，看不完的文件，这些都构成了他平时的工作和生活。宜宾目前正处于全速发展阶段，世界也在发生着日新月异的变化，宜宾若不从上往下拼尽全力，就会更加落后，只有不断地去挖掘、去抓住发展机遇，才能做到百舸争流中奋楫者先。作为一个宜宾人，他只有更加努力工作，才能回报家乡。

有人说，人生需要给自己定一个小目标，他也给自己定了一个小目标：希望成为努力的楫者，为家乡大船的劈波斩浪认真做好每一次划动。